한글세대를 위한 독송용

지장경

地藏菩薩本願經

한글세대를 위한 독송용

지장경

❖ 지장보살본원경 ❖

무비스님·조현춘 공역

운주사

서문

'사람은 어떻게 살아야 하는가?'

이 질문은 인간이 그 역사를 시작하면서부터 품어온 인간존재에 대한 본질적인 문제입니다. 기계 문명의 발달로 물질을 누리는 삶은 눈부시게 풍요롭고 편리하게 되었으나 '사람은 어떻게 살아야 하는가?'라는 문제에서는 실로 그 의문이 적지 않습니다. 이것은 매우 어려운 문제지만 '가장 사람답게 사는 일'이라고 할 수 있을 것입니다. 그렇습니다. 사람인 이상 무엇보다도 중요하며 우선해야 할 일은 '가장 사람답게 사는 일'입니다.

어떻게 사는 것이 가장 사람답게 사는 일이겠습니까? 그 문제에 대한 올바른 길을 제시하기 위해서 그동안 수많은 현철들이 세상에 오시어 많은 가르침들을 남겨 놓았습니다. 불교에서는 사람이 사는 올바른 길을 위한 팔만 사천의 가르침을 제시하고 있습니다.

대심 조현춘 교수님께서 '금강경 원고'를 들고 소승을 처음 찾아 온 것도 벌써 20여년의 세월이 흘렀습니다. 처음에는 조금은 뜬금없다는 생각도 했습니다만, 교수님께서는 '인류 정신문화를 대표하는 경전들'을 현대어로 완벽하게 번역하기 위해 50년 세월을 꾸준히 노력해 오셨습니다. 교수님께서는 늘 '저는 화화회(화엄경과 화이트헤드 연구회) 학자들이 다 만들어 놓은 것을 스님께 가지고 왔을 뿐입니다'면서 모든 공덕을 화화회에 돌리셨습니다. 어떤 의미에서는 교수님의 말씀이 옳습니다. 아무리 능력 있고 아무리 노력한다 한들 개인이 이렇게 큰일을 할 수는 없습니다. 20년이 넘는 세월을 꾸준히 매주 모임을 갖는 학자님들의 모임은 전 세계에서도 유례를 찾아보기 힘들다고 합니다. 화화회의 학자님들에게 존경과 감사의 말씀을 드립니다.

교수님께서는 '행복하고 빛이 나고 향기 났던 사람들과 행복하고 빛이 나고 향기나는 사람들은 거의 전부가 금강경을 독송했던 사람'이라면서 최근에는 '가사체 금강경 독송회'를 결성하였습니다. 이 모임을 통해 부처님의 진리, 즉 '사람답게 사는 방법'을 체화하여, 이생에서도 많은 행복을 누리시고, 내생에서는 극락왕생하시기를 축원드립니다.

　　『가사체 불교경전과 한글세대 불교경전』을 중심으로 『가사체 금강경과 정본 한문 금강경』, 『The Diamond Sutra 가사체 금강경』을 출판하였습니다. 또한 도반님들의 요청으로 『가사체 금강경과 한문 금강경 사경』을 시작으로 『가사체 약사경과 한문 약사경 사경』, 『가사체 승만경과 한문 승만경 사경』을 출판하였으며, 부모은중경 보현행원품 아미타경 관음경 반야심경 천수경 등의 사경집도 출판할 예정이라 하니 가히 기쁜 일입니다.

　　모쪼록 참 진리인 부처님 말씀을 지금의 우리말 우리글로 독송하고 사경하여, 그 인연공덕으로 삶의 의미를 깨닫고 행복하시기를 축원 드립니다.

여천如天 무비無比 합장

일러두기

지장경의 온전한 이름은 지장보살본원경입니다. 간략하게 지장경이라고 합니다. 당연히 지장보살님에 관한 경입니다. 칠정례의 넷째 내용인 〈지심귀명례, 큰지혜의 문수보살, 큰행원의 보현보살, 대비심의 관음보살, 큰발원의 지장보살 지극한~ 마음으로 머리숙여 절합니다〉에서 보듯이 중국 한국 일본 불교에서의 사대보살은 문수보살님 보현보살님 관음보살님 지장보살님입니다.

지장보살님은 '석가모니부처님 열반에서부터 미륵부처님 출현까지의 시간, 즉 부처님이 없는 시기인 무불시대'의 중생들을 보살피시도록 부촉받은 보살님입니다. 그리고 지옥이 완전히 텅텅 빌 때까지 부처가 되지 않겠다는 큰 원을 세웠기 때문에 대원본존 지장보살 마하살이라고 합니다. 절에 있는 명부전의 주인입니다.

입으로 지은 업을 씻어내는 진언

깨끗이~ 깨끗하게 참으로~ 깨끗하게
완전히~ 깨끗하게 깨끗이~ 살렵니다.
수리수리 마하수리 수수리 사바하(세번)

부처님과 성중님을 모셔오는 진언

일체모든 부처님~ 일체모든 성중님~
이자리에 편안하게 임하시어 주옵소서.
나무 사만다 못다남
옴 도로도로 지미 사바하(세번)

경전 독송 전의 진언

높디높고 깊디깊은 부처님말씀
백천만겁 지나가도 듣기힘든데
제가지금 보고들어 지니었으니
부처님의 진실한뜻 이루렵니다.
옴 아라남 아라다(세번)

1장. 도리천 하늘법회

①부처님께서 어머님을 위하여서 어느 날 도리천 하늘에서 다음같이 하시는 걸 제가 직접 들었으며 제가 직접 봤습니다.[1] ②시방의[2] 한량없이 많은 세계에서 오신 불가설 불가설[3] 부처님들과 보살님들께서 부처님을 찬탄하셨습니다. 거룩하신 부처님! 부처님께서는 불가사의한 지혜와 신통으로 오탁악세의[4] 중생들에게 행복의 길을 설하십니다. 불행의 길에서 죄를 짓고 고통 받는 중생들에게 행복의 길을 설하십니다. ③

부처님께서 미소를 지으시며 대광명들을[5] 놓으셨습니다. 원만 대광명·자비 대광명·지혜 대광명·반야 대광명·삼매 대광명·길상 대광명·복덕 대광명·공덕 대광명·귀의 대광명·찬탄 대광명 등 백천만억 불가설 대광명들을 놓으셨습니다. ④대광명들을 놓으신 후 법들을[6] 설하셨습니다. 보시 바라밀·지계 바라밀·인욕 바라밀·정진 바라밀·선정 바라밀·반야 바라밀·자비희사·해탈·무루지혜·대지혜·사자후·대사자후·운뢰·대운뢰 등 가지가지 불가설 불가설 거룩한 법들을 설하셨습니다. ⑤사바세계와^7 다른 세계에서 하느님들도^8 오셨습니다. 사천왕천 하느님·도리천 하느님·수염마천 하느님·도솔타천 하느님·화락천 하느님·타화자재천 하느님·범중천 하느님·범보천 하느님·대범천 하느님·소광천 하느님·무량광천 하느님·광음천 하느님·소정천 하느님·무량정천 하느님·변정천 하느님·복생천 하느님·복애천 하느님·광과천 하느님·엄식천 하느님·무량엄식천 하느님·엄식과실천 하느님·무상천 하느님·무번천 하느님·무열천 하느님·선견천 하느님·선현천 하느님·색구경

천 하느님·마혜수라천 하느님·비상비
비상처천 하느님 등 한량없이 많은 하
느님들도 도리천 하늘법회에 오셨습니
다. ⑥사바세계와 다른 세계에서 용신
들도⁹ 오셨습니다. 바다의 신·강의 신·
하천의 신·물의 신·산의 신·땅의 신·
연못의 신·곡식의 신·낮의 신·밤의
신·허공의 신·하늘의 신·음식의 신·
초목의 신 등 한량없이 많은 용신들도
도리천 하늘법회에 오셨습니다. ⑦사바
세계와 다른 세계에서 귀신왕들도¹⁰ 오
셨습니다. 악목 귀신왕·담혈 귀신왕·
담정기 귀신왕·담태란 귀신왕·행병 귀

신왕·섭독 귀신왕·자심 귀신왕·복리 귀신왕·대애경 귀신왕 등 한량없이 많은 귀신왕들도 도리천 하늘법회에 오셨습니다. ⑧부처님께서 법왕자 문수 보살님께 말씀하셨습니다. 문수 보살님! 사바세계와 다른 세계에서 도리천 하늘법회에 오신 부처님들과 보살님들과 하느님들과 용신들과 귀신들이 보이시지요? 이 분들의 수를 아시겠습니까? ⑨문수 보살님께서 말씀드리셨습니다. 거룩하신 부처님! 저의 능력으로는 천 겁 동안 헤아려도 다 헤아릴 수가 없습니다. ⑩부처님께서 말씀하셨습니다. 문수 보살님! 제가 부처의 눈으로 헤아려도 헤아리기가 어렵습니다. ⑪이 분들은 모두 지장 보살님께서 오랜 겁 전부터 이미 제도하여 성취시켰거나 지금 제도하여 성취시키고 있거나 앞으로 제도하여 성취시킬 분들입니다. ⑫문수 보살님께서 말씀드리셨습니다. 거룩하신 부처님! 저는 오랫동안 선근을 닦아 무애지를[11] 이루었기 때문에 부처님의 말씀을 듣고 바로 받아 지닐 수 있습니다. ⑬그러나 소승인 성문·하느님이나 용신 등의 팔부신중들은 부처님의 간절하신 말씀을 들어도 받아들이지 못할 것입니다. 받아들였다가도 다시 잊어버릴 것입니다. ⑭ 거룩하신 부처님! 지장보살님께서는 과거에 어떤 발원을 하고 실천하셨기에 이런 불가사의한 일들을 이루시게 되었는지 자세히 말씀하여 주십시오. ⑮ 부처님께서 말씀하셨습니다. 문수 보살님! 삼천대천세계에 가득한 초목·큰 숲·벼·삼·대나무·갈대·산·돌을 전부 부수어 작은 티끌로 만들었다고 합시다. 그 낱낱 티끌 수만큼 많은 강가강이[12] 있다고 합시다. 그 모든 강가강의 모래 수만큼 많은 세계가 있다고 합시다. 그 모든 세계를 다시 작은 티끌로 만들었다고 합시다. 그 낱낱 티끌 수를 다시 제곱한 수만큼 많은 겁이 있다고 합시다. 지장 보살님께서 십지 보살이 되어 지내온 세월만 하여도 위에서 말한 겁보다 천 배나 더 긴 세월입니다. 그런데 성문이나 벽지불의 지위에 있었던 세월까지 말하면 얼마나 긴 세월이겠습니까! ⑯문수 보살님! 지장 보살님의 위신력은 상상할 수 없이 큽니다. 지장 보살님의 조각상이나 탱화 앞에서 찬탄 예경하거나 지장 보살님의 명호를 염송하는 선남자 선여인은 악도에 떨어지지 않고 백 번을 삼십삼천에 태어날 것입니다. ⑰문수 보살님! 지장 보살님께서는 백천만억 나유타 불가설 불가설[13] 겁 전, 사자분신구족만행 부처님 세계의 큰 부잣집 아들이었습니다. ⑱부잣집 아들은 참으로 거룩한 사자분신구족만행 부처님께 여쭈었습니다. "거룩하신 부처님! 부처님께서는 어떤 발원을 하고 실천하셨기에 이렇게도 거룩한 모습을 이루게 되었습니까?" ⑲사자분신구족만행 부처님께서 말씀하셨습니다. "오랫동안 고통 중생들을 제도하여 해탈시키면, 이런 몸을 가지게 됩니다." ⑳사자분신구족만행 부처님의 말씀을 듣고, 부잣집 아들은 큰 발원을 하였습니다. "사자분신구족만행 부처님! 불가계 겁이 지나고 미래 세상이 다 하도록 모든 방법으로 '육도의 고통 중생들'을 모두 해탈시키겠습니다. 제가 최고 바른 깨달음을 이루기 전에 반드시 모든 중생들을 먼저 해탈시키겠습니다." ㉑ 지장 보살님께서는 그로부터 지금까지 백천만억 나유타 불가설 겁 동안 계속 보살의 길을 가고 있습니다. ㉒ 지장 보살님께서는 불가사의 아승기 겁 전, 수명이 사백천만억 아승기 겁인 각화정자재왕 부처님의 법이 번창하던 시대에 어떤 바라문의 딸이었습니다. ㉓ 바라문의 딸은 전생에 심은 복이 많아 여러 사람들의 존경을 받았으며 가거나 서거나 앉아있거나 누워있거나 항상 하느님들의 보호를 받았습니다. ㉔그런데 어머니는 미신을 믿고 삼보를[14] 업신여겼습니다. ㉕바라문의 딸은 온갖 방법으로 어머니에게 바른 생각을 하도록 권유하였지만, 어머니는 믿지 않다가 목숨을 마쳤으며, 영혼이 무간 지옥에 떨어졌습니다. ㉖바라문의 딸은 '어머니가 이 세상에 계실 때 인과를 믿지 않았던 업에 따라 악도에 떨어졌을 것'

을 알고 집을 팔아서 좋은 향과 좋은 꽃과 여러 가지 많은 공양물을 준비하여 각화정자재왕 부처님의 탑과 절에 공양하였습니다. ㉗ 한번은 바라문의 딸이 어떤 절에서 장엄 원만하신 각화정자재왕 부처님의 상을 보게 되었습니다. ㉘ 바라문의 딸은 참으로 예배 공경하는 마음으로 간절히 염송하였습니다. "최고 바른 깨달음을 이루고 온갖 지혜를 갖추신 부처님! 어머님 계신 곳을 가르쳐 주십시오." ㉙ 한참 동안 각화정자재왕 부처님을 우러러보며 울고 있는데, 홀연히 공중에서 말소리가 들렸습니다. ㉚"울고 계시는 성녀님! 너무 슬퍼하지 마십시오. 제가 어머님 계신 곳을 일러드리겠습니다." ㉛바라문의 딸은 하늘을 향하여 합장 공경하며 말씀드리셨습니다. "참으로 덕이 높으신 분! 자비를 베푸시어 저의 근심을 풀어 주십시오. 어머님 가신 이후, 어머님 계신 곳을 물을 곳이 없어서 밤낮으로 계속 어머님만 생각하고 있습니다." ㉜공중에서 다시 소리가 들렸습니다. "저는 성녀님께서 정성을 다하여 절하고 있는 각화정자재왕 부처입니다. 성녀님께서 어머님을 사랑하는 마음이 보통 사람들보다 두 배도 더 되기 때문에 어머님 계신 곳을 일러드리려고 합니다.” ㉝각화정자재왕 부처님의 말씀을 듣고 바라문의 딸은 너무나 감격하여 미친 듯이 절을 하여 팔다리가 성한 데 없이 다 다쳐서 쓰러졌습니다. ㉞좌우에서 돌보아 한참만에 정신을 차리고 공중을 향하여 말하였습니다. “인자하신 각화정자재왕 부처님! 몸과 마음을 가눌 수가 없습니다. 죽을 것만 같습니다. 저를 불쌍히 여기시여 어머님 계신 곳을 말씀하여 주십시오.” ㉟각화정자재왕 부처님께서 말씀하셨습니다. “성녀님! 불공을 마치고, 집으로 돌아가서 단정히 앉아 저의 명호를 염송하십시오. 어머님 계신 곳을 알게 될 것입니다." ㊱바라문의 딸은 불공을 마치고 집으로 돌아와서 단정히 앉아 어머님을 생각하면서 각화정자재왕 부처님의 명호를 염송하였습니다. ㊲하루 밤 하루 낮이 지나자 바라문의 딸은 자신도 모르는 사이에 홀연히 어떤 바닷가에 와 있었습니다. ㊳바닷물은 펄펄 끓어올랐고, 수없이 많은 사람들이 바다 속에 빠졌다 솟아났다 하며 버둥대고 있었으며, 쇠로 된 많은 맹수들이 바다 위를 이리저리 날아

다니며, 사람들을 다투어 물어뜯었습니다. ㊴가지가지 형상의 야차들도 있었습니다. 손이 여럿이거나, 눈이 여럿이거나, 다리가 여럿이거나, 머리가 여럿이거나, 날카로운 이빨이 송곳처럼 입 밖으로 튀어나온 야차들이 죄인들을 맹수들에게로 몰아 주기도 하고, 때리기도 하고, 다리와 머리를 서로 묶기도 하였습니다. ㊵차마 눈뜨고 볼 수 없을 광경이었지만, 바라문의 딸은 염불의 힘으로 두려움이 전혀 없었습니다. ㊶그곳에 있던 무독이라는 귀신왕이 바라문의 딸에게 정중히 합장 공경하며 말하였습니다. "어서 오십시오. 성녀님께서는 무슨 일로 오셨습니까?" ㊷ 바라문의 딸이 물었습니다. "여기가 어디입니까?" ㊸ 무독 귀신왕이 말하였습니다. "이곳은 철위산 서쪽에 있는 첫번째 '업의 바다'입니다." ㊹ 바라문의 딸이 물었습니다. "지옥이 있다는 그 철위산을 말씀하시는 것입니까?" ㊺ 무독 귀신왕이 말하였습니다. "그렇습니다. 지옥이 있는 바로 그 철위산을 말씀드렸습니다." ㊻ 바라문의 딸이 물었습니다. "어떻게 하여 제가 지옥이 있는 이곳에 오게 되었습니까?" ㊼ 무독 귀신왕이 말하였습니다. "이곳은 부처님의 힘에 의지하여 올 수도 있고, 자신의 업력에 이끌려 올 수도 있습니다. 이 두 가지가 아니면, 어느 누구도 이곳에 올 수가 없습니다." ㊽바라문의 딸이 물었습니다. "물은 왜 이렇게 끓어오르며, 이 많은 사람들과 이 많은 맹수들은 어떻게 된 것입니까?" ㊾무독 귀신왕이 말하였습니다. "나쁜 행동을 많이 하였으며, 착한 행동을 하지 않았으며, '임종 후 칠칠일이[15] 지나도록 아무도 복을 지어 고난에서 건져 주지 않은' 염부제 중생들은 자신의 업력에 이끌려 지옥으로 가게 됩니다. (50)지옥으로 가는 도중에 이 바다를 건너게 됩니다. (51)이 바다 동쪽으로 십만 유순을 지나면 두 번째 '업의 바다'가 있는데, 그곳의 고통은 여기의 두 배입니다. (52)두 번째 바다 동쪽에 세 번째 '업의 바다'가 있는데, 그곳의 고통은 다시 두 배입니다. (53)이 고통들은 '몸으로 짓고 입으로 짓고 마음으로 지은 업' 때문에 받는 것입니다. 그래서 이 바다들을 '업의 바다'라고 합니다." (54)바라문의 딸이 물었습니다. "지옥은 어떤 곳입니까?" (55)무독 귀신왕이 말하였습니다. "세 바다를 지나면 수백천의 가지

가지 많은 지옥들이 있습니다. 큰 지옥이 열여덟, 중간 지옥이 오백, 작은 지옥이 천백이나 되며, 지옥의 고초는 한량없이 크고 지독합니다." ⑤⑥바라문의 딸이 물었습니다. "저의 어머님은 돌아가신 지가 얼마 되지 않았습니다. 어머님의 영혼이 계시는 곳을 알 수 있겠습니까?" ⑤⑦무독 귀신왕이 물었습니다. "성녀님의 어머님께서는 생전에 어떤 일을 하셨습니까?" ⑤⑧바라문의 딸이 말하였습니다. "저의 어머님은 생각이 바르지 않았습니다. 부처님을 비방하고, 부처님의 법을 비방하고, 거룩한 대중들을 비방하였습니다. 잠깐 믿다가도 금방 공경하지 않는 쪽으로 마음이 바뀌었으며, 돌아가신 지 얼마 되지 않았습니다. 지금 계시는 곳을 알 수가 있겠습니까?" ㉙무독 귀신왕이 물었습니다. "성녀님! 어머님의 성함은 무엇입니까?" ㉚바라문의 딸이 말하였습니다. "부모님은 모두 바라문족으로 아버님은 시라선견이고, 어머님은 열제리입니다." ㉛무독 귀신왕이 합장 공경하며 말하였습니다. "성녀님! 슬퍼하지 마시고 집으로 돌아가십시오. 죄인이었던 열제리는 삼 일 전에 이미 하느님으로 태어나셨습니다.

⑥효녀인 성녀님께서 어머님을 위하여 각화정자재왕 부처님의 탑에 보시한 공덕으로 어머님께서는 지옥에서 벗어나셨습니다. ⑥성녀님의 어머님만 지옥에서 벗어난 것이 아니고, 이날 무간 지옥에 있던 죄인들은 모두 하늘나라에서 복을 누리게 되었습니다." ⑥무독 귀신왕이 이 말을 마치고 합장하자, 바라문의 딸은 자신도 모르는 사이에 홀연히 다시 집으로 돌아와 있었습니다. ⑥바라문의 딸은 정신을 가다듬고 각화정자재왕 부처님의 탑 앞에서 큰 발원을 하였습니다. "미래 겁이 다하도록 온갖 방

법으로 죄고 중생들을 해탈시키겠습니다." ⑥문수 보살님! 무독 귀신왕은 지금의 재수 보살님이시고, 바라문의 딸은 지금의 지장 보살님이십니다.

2장. 지장 보살님의 분신들

①백천만억 불가사 불가의 불가량 불가설 무량 아승기 세계의 여러 지옥에 계시던 지장 보살님의 분신들도 모두 도리천 하늘법회에 오셨습니다. ②오랜 겁 동안 생사 육도를 떠돌면서 잠시도 쉬지 못하며 고통을 겪다가, '지장 보살님께서 부처님의 힘에 의지하여, 넓고 큰 자비와 깊은 발원으로 제도하여', 업도에서 벗어나 최고 바른 깨달음으로 나아가고 있는 천만억 중생들'도 도리천 하늘법회에 왔습니다. ③모두 뛸 듯

이 기뻐하며 잠시도 눈을 떼지 못하고 부처님을 우러러보며 향과 꽃을 올렸습니다. ④부처님께서 금빛 팔을 펴시어 백천만억 불가사 불가의 불가량 불가설 무량 아승기 세계에서 오신 지장 보살님의 분신들의 이마를 어루만지며 말씀하셨습니다. ⑤오탁악세 불행의 길에서 죄를 짓고 고통받는 중생들을 제가 교화하여, 나쁜 행동을 하지 않고 착한 행동을 하도록 제도하고 있지만 열에 한둘은 지금도 나쁜 습관을 버리지 못하고 있습니다. ⑥천백억 분신으로 여러 방법으로 제도하고 있지만, 근기가 매우 높고 지혜로운 중생들은 법을 들으면 바로 믿고, 근기가 약간 높고 착한 중생들은 간절히 가르치면 믿고, 근기가 약간 낮고 우둔한 중생들은 오랫동안 교화하여야 겨우 귀의하고, 근기가 매우 낮고 업이 무거운 중생들은 끝까지 공경하지 않았습니다. ⑦각기 다른 중생들은 각기 다른 분신으로 제도하였습니다. ⑧남자가 되어 제도하기도 하고, 여인이 되어 제도하기도 하였습니다. 하느님이나 용신이나 귀신 혹은 산·숲·내·강·못·샘·우물이 되어 제도하여 해탈시키기도 하였습니다. 제석천 하느님·범천 하느님·전륜성왕· 거사·국왕·국무총리·공무원·남자 스님·여자 스님·남자 신도·여자 신도가 되어 제도하기도 하고, 성문·아라한·벽지불·보살 등이 되어 제도하기도 하였습니다. ⑨ 부처가 되어서만 제도한 것이 아닙니다. ⑩ 불행의 길에서 죄를 짓고 고통받는 중생들을 여러 겁 동안 힘들여 제도하였으나, 아직도 제도하지 못한 중생들이 있습니다. ⑪ 사바세계에 미륵 부처님께서 오실 때까지 중생들이 고통이나 괴로움을 받지 않도록 하여 주시고, 부처님의 수기를[16] 받을 수 있도록 하여 주십시오. ⑫죄업을 따라 악도에서 고통을 받는 중생을 보면, 제가 이 도리천에서 간절히 부탁하던 일을 생각하여 주십시오. ⑬이때에 여러 세계에서 오신 지장 보살님의 분신들이 다시 한 몸이 되어 애절하게 눈물을 흘리며 부처님께 말씀드리셨습니다. 거룩하신 부처님! 부처님의 가르침을 잘 받들겠습니다. ⑭불가사의한 큰 신통과 지혜로 백천만억 강가강의 모래 수만큼 많은 세계를, 한 세계도 빠뜨리지 않고 두루 백천만억 분신으로 나타나서, 한 몸 한 몸마다 백천만억 중생들을 제도하여 삼보께 귀의하도록 하겠습니다. ⑮태어남과 죽음에서 벗어나 열반의 큰 기쁨을 누리도록 하겠습니다. ⑯부처님의 법을 믿고, 털끝 하나·물한 방울·모래 한 알·티끌 하나·먼지하나만큼이라도 착한 행동을 한 사람은 모두 제도하여 해탈의 큰 기쁨을 누리도록 하겠습니다. ⑰거룩하신 부처님! 미래 세상의 악업 중생들은 염려하지 마십시오! 미래 세상의 악업 중생들은 염려하지 마십시오! 미래 세상의 악업 중생들은 염려하지 마십시오! ⑱부처님께서 지장 보살님을 찬탄하셨습니다.

그렇게 하겠습니다. 보살님께서 말씀하신 대로 하겠습니다. ⑲보살님께서 큰 발원을 하셨으니 앞으로도 널리 중생들을 제도하여 최고 바른 깨달음을 이루도록 하여 주십시오.

3장. 중생들의 업보

①부처님의 어머님인 마야 부인께서 합장 공경하며 지장 보살님께 말씀하셨습니다. 성현님! 염부제 중생들의 업보에 관해 말씀하여 주십시오. ②지장 보살님께서 말씀하셨습니다. 성모님! 염부제에는 천만세계가 있습니다. ③지옥이 있는 세계도 있고, 없는 세계도 있습니다. ④여인이 있는 세계도 있고, 없는 세계도 있습니다. ⑤부처님의 법이 있는 세계도 있고, 없는 세계도 있습니다. ⑥성문이나 벽지불도 마찬가

지입니다. ⑦지옥의 죄보도 각기 다릅니다. ⑧마야 부인께서 말씀하셨습니다. 성현님! 염부제의 죄보에 대하여 알고 싶습니다. ⑨지장 보살님께서 말씀하셨습니다. 성모님! 간략하게 말씀드리겠습니다. ⑩마야 부인께서 말씀하셨습니다. 성현님! 자세히 잘 듣겠습니다. ⑪지장 보살님께서 말씀하셨습니다. 염부제의 죄보는 다음과 같습니다. 첫째, 부모를 살해하는 등의 심한 불효를 저지른 중생들은 무간 지옥에 떨어져 천만억 겁 동안 벗어나지 못합니다. 둘째, 부처님의 몸에 피를 내거나 경전을 훼손한 중생들도 무간 지옥에 떨어져 천만억 겁 동안 벗어나지 못합니다. 셋째, 절 안에서 음행을 하거나 죽이거나 상처를 입히는 등 스님들을 욕보이는 중생들도 무간 지옥에 떨어져 천만억 겁 동안 벗어나지 못합니다. 넷째, 마음은 스님이 아니면서 스님 행세를 하며, 신도들을 속이거나 계율을 어기는 등 상습적으로 나쁜 행동을 하는 중생들도 무간 지옥에 떨어져 천만억 겁 동안 벗어나지 못합니다. 다섯째, 남의 재물이나 곡식이나 음식이나 의복을 상습적으로 한 가지라도 뺏거나 훔치는 중생들도 무간 지옥에 떨어져 천만억 겁 동안 벗어나지 못합니다. ⑫성모님! 이 같은 죄를 짓는 중생들은 무간 지옥에 떨어져 잠시도 고통에서 벗어나지 못합니다. ⑬마야 부인께서 말씀하셨습니다. 무간 지옥은 어떤 곳입니까? ⑭ 지장 보살님께서 말씀하셨습니다. 성모님! 지옥은 모두 철위산에 있는데, 이름이 각기 다른 큰 지옥이 열여덟 곳, 중간 지옥이 오백 곳, 작은 지옥이 천백 곳입니다. ⑮무간 지옥의 성은 둘레가 팔만 리이며, 성벽은 순전히 쇠로 되어 있고, 높이는 만 리이며 성 위에는 불더미가 쉴 틈 없이 이글거리며, 이름이 각각 다른 여러 지옥들이 서로 이어져 있으며, 이 중에 무간 지옥이라는 특별한 지옥이 있습니다. ⑯무간 지옥의 담장 둘레는 만팔천 리이며, 담장 높이는 천 리이며, 아래의 불은 위로 치솟고 위의 불은 아래로 내리 불고, 쇠로 된 뱀과 쇠로 된 개가 불을 토하며 담장 위를 동서로 달립니다. ⑰무간 지옥에는 폭이 만 리나 되는 평상이 있는데, 한 사람이 죄를 받아도 가득 차고, 천만 사람이 죄를 받아도 가득 차는데, 온갖 죄업 때문에 이같은 죄보를 받게 되는 것입니다. ⑱죄인들은 온갖 고초를 다 받습니다. '이빨이 송곳 같고 눈이 번개 같고 손가락이 쇠갈퀴 같은 천백 야차들'이 죄인의 창자를 끄집어내어서 토막토막 자릅니다. 쇠창으로 죄인의 입과 코를 찌르기도 하고, 배나 등을 찌르기도 하고, 공중으로 던졌다가 도로 받아서 평상 위에 놓기도 합니다. 쇠로 된 매가 죄인의 눈을 파먹기도 하고, 쇠로 된 뱀이 죄인의 목을 감아 조이기도 하고, 온몸 마디마디에 긴 못을 박기도 하고, 혀를 빼어 다른 죄인에게 쟁기로 갈도록 하기도 하고, 구리쇳물을 입에 붓기도 하고, 뜨거운 철사로 몸을 감아서 만 번 죽였다 만 번 살렸다 하기도 합니다. 무간 지옥 죄수들은 억 겁이 지나도 이와 같은 업보에서 벗어나지 못합니다. ⑲ 그러다가 이 세계가 무너지면 다른 세계로 옮겨가서 고통을 받고, 그 세계가 무너지면, 또 다른 세계로 옮겨가서 고통을 받고, 이 세계가 이루어지면 다시 돌아와서 고통을 받습니다. ⑳ 무간 지옥의 죄보는 '다섯 가지 빈틈없음'이 있으므로 오무간 지옥이라고 하기도 합니다. 첫째, '밤낮으로 빈틈없이 계속' 죄를 받기 때문에 무간입니다. 둘째, 한 사람이라도 '빈틈없이 가득 차고' 많은 사람이라도 '빈틈없이 차기' 때문에 무간입니다. 셋째, 몽둥이·독수리·뱀·이리·개·맷돌·톱·도끼·끓는 가마·철망·철사·쇠로 된 나귀·쇠로 된 말 등의 형틀이 빈틈없이 모두 있으며, 생가죽으로 머리를 조르기, 뜨거운 쇳물을 몸에 붓기, 쇠로 된 구슬을 삼키게 하기, 목말라 할 때 뜨거운 쇳물을 마시게 하기 등의 형벌이 빈틈없이 모두 있습니다. '온갖 형틀과 온갖 형벌이 빈틈없이 모두 있기' 때문에 무간입니다. 넷째, 남자·여자·오랑캐·늙은이·어린이·천한 이·용신·하느님·귀신 할 것 없이, 죄를 지은 중생들은 '빈틈없이 모두' 죄보를 받기 때문에 무간입니다. 다섯째, '매일 빈틈없이 만 번 죽었다가 만 번 태어나기' 때문에 무간입니다. ㉑성모님! 무간 지옥에 대하여 간단히 말씀드렸습니다. 형틀이나 형벌을 자세히 말씀드리려면 한 겁 동안 말씀드려도 다 말씀드릴 수가 없습니다. ㉒지장 보살님의 말씀을 듣고 마야 부인께서 고마워하며 합장 공경하였습니다.

4장. 죄업의 끈질김

①지장 보살님께서 말씀드리셨습니다. 거룩하신 부처님! 제가 백천만억 세계에 두루 몸을 나투어 많은 업보 중생들을 제도하고 있습니다마는, 부처님의 큰 자비의 힘이 없었더라면 제도할 수 없었을 것입니다. ②다시 부처님의 부탁을 받았으니 미륵 부처님께서 세상에 오실 때까지 육도 중생들을 더욱 열심히 해탈시키겠습니다. ③거룩하신 부처님! 염려하지 마십시오. ④부처님께서 지장 보살님께 말씀하셨습니다. 지

장 보살님! 성식이 미혹한 중생들은 나쁜 행동을 하여 고통을 받기도 하고 착한 행동을 하여 복을 누리기도 하며, 티끌 수 겁 동안을 잠시도 쉬지 못하고 육도를 윤회합니다. ⑤그물 속에 갇혀 있는 물고기처럼 육도에 갇혀 윤회하는 중생들을 걱정하였는데, 보살님께서 이미 과거 여러 겁에 걸쳐 중생들을 제도하였을 뿐만 아니라 미래에도 널리 제도하시겠다고 하니 걱정하지 않겠습니다. ⑥부처님의 말씀을 듣고, 정자재왕 보살님께서 말씀드리셨습니다. 거룩하신 부처님! 지장 보살님은 여러 겁 동안 각각 어떤 발원을 하셨기에 부처님의 지극하신 찬탄을 받게 되었습니까? 간략하게라도 말씀하여 주십시오. ⑦ 부처님께서 말씀하셨습니다. 정자재왕 보살님! 말씀드리겠습니다. 자세히 말씀드리겠습니다. ⑧무량 아승기 나유타 불가설 겁 전에 수명이 육만 겁인 일체지성취 부처님께서[17] 세상에 출현하셨습니다. ⑨ 일체지성취 부처님께서는 출가 전에 작은 나라의 왕이었습니다. 이웃나라 왕과 더불어 열 가지 착한 행동으로[18] 중생들을 이롭게 하였는데, 백성들이 나쁜 행동을 많이 하여 두 왕이 함께 방법을 강구하였습니다. ⑩한 왕은 '빨리 성불하여, 모든 중생들을 남김없이 제도하겠다'고 발원하였고, 다른 왕은 '내가 성불하기 전에 반드시 모든 중생들을 먼저 제도하여 최고 바른 깨달음을 이루도록 하겠다'고 발원하였습니다. ⑪빨리 성불하기로 발원한 왕이 일체지성취 부처님이시고, 모든 중생들을 먼저 제도하기로 발원한 왕이 지장 보살님이십니다. ⑫또 무량 아승기 겁 전에, 수명이 사십 겁인 청정연화목 부처님께서 세상에 출현하셨습니다. ⑬청정연화목 부처님의 법이 번창하던 시대에[19] 어떤 아라한이 중생들을 널리 제도하다가 광목이라는 여인의 음식 공양을 받고 물었습니다. "무엇을 도와 드릴까요?" ⑭광목 여인이 말하였습니다. "돌아가신 어머님을 천도하여 드리고 싶은데 어머님 계신 곳을 알 수가 없습니다." ⑮아라한이 가엾게 여기어, 선정에 들어 광목 여인의 어머니를 찾아보니, 지옥에서 모진 고통을 받고 있었습니다. ⑯아라한이 광목 여인에게 물었습니다. "어머님께서는 지금 지옥에서 매우 큰 고통을 겪고 있습니다. 생전에 어떤 업을 지었습니까?" ⑰광목 여인이 말하였습니다. "저의 어머님은 물고기나 자라 등을 즐겨 드셨고, 특히 어린 새끼들을 많이 드셨습니다. 지지거나 볶아서 드신 수가 천만도 넘을 것입니다. 존귀하신 분! 저를 불쌍히 여기시어 어머님을 구할 수 있는 방법을 가르쳐 주십시오." ⑱아라한이 가엾게 여기어 광목 여인에게 방법을 말하여 주었습니다. "청정연화목 부처님의 조각상이나 탱화[20] 앞에서 지극 정성으로 청정연화목 부처님의 명호를 염송하면, 산 사람도 죽은 사람도 모두 좋은 과보를 누리게 됩니다." ⑲이 말을 듣고 광목 여인이 청정연화목 부처님의 상 앞에서 아끼던 재물을 공양 올리며 간절히 절하였습니다. ⑳하루 밤이 지나자, 금빛이 찬란하고 수미산처럼 크신 청정연화목 부처님께서 나타나 큰 광명을 놓으시며 광목 여인에게 말씀하셨습니다. ㉑"어머님께서는 곧 보살님 댁에 태어날 것입니다. ㉒그리고 배고프고 추운 것을 알 정도만 되면 바로 말을 하게 될 것입니다." ㉓얼마 후에 한 하녀가 아들을 낳았는데, 태어난 지 사흘이 되자 아이는 광목 여인에게 머리를 조아리며 간절히 말하였습니다. ㉔"저는 얼마 전에 죽은 '보살님의 어미'입니다. ㉕ 생사의 업보는 모두 자기가 받게 마련입니다. ㉖ 보살님과 헤어진 후 오랫동안 참으로 암울하게 지냈습니다. ㉗ 큰 지옥에 떨어졌다가 보살님의 복력으로 다시 보살님 댁에 태어났습니다. 그러나 천한 신분으로 태어났으며, 단명하여 열세 살이 되면 다시 지옥에 떨어질 것입니다. ㉘ 보살님께서 저의 업보를 벗겨 줄 방법이 없겠습니까?" ㉙ 이 말을 듣고 광목 여인이 목메어 울면서, 어머니였던 '하녀의 아들'에게 말하였습니다. "어머님께서는 전생의 죄를 모두 아실 것입니다. 어떤 업을 지었기에 지옥에 떨어지게 되셨습니까?" ㉚어머니였던 '하녀의 아들'이 말하였습니다. "살생을 하고 욕을 하였던 두 가지 업으로 지옥 과보를 받게 되었습니다. 보살님께서 복을 지어 저를 구하여 주지 않으셨다면 지옥에서 벗어날 수 없었을 것입니다." ㉛광목 여인이 물었습니다. "지옥의 죄보는 어떻습니까?" ㉜어머니였던 '하녀의 아들'이 말하였습니다. "지옥의 고통은 차마 말로 할 수 없을 정도입니다. 백년 천년을 말하더라도 다 말하기 어렵습니다." ㉝이 말을 듣고 광목 여인이 통곡하며 허공을 향하여 말하였습니다. "어머님을 지옥에서 영원히 벗어나도록 하여 주십시오. 열세 살이 지나도 무거운 죄보를 받지 않도록 하여 주십시오. 다시는 악도에 떨어지지 않도록 하여 주십시오. ㉞시방의 모든 부처님들! 저를 불쌍히 여기시어, 어머님을 위한 저의 간절한 소원을 들어 주십시오! ㉟어머님께서 삼악도나[21] 미천한 신분이나 여인의 몸을 영원히 벗어나도록 하여 주십시오. ㊱청정연화목 부처님께 맹세하겠습니다. '지옥·아귀·축생도에서 고통받고 있는 중생들을, 오늘부터 백천만억 겁 동안, 모두 구원하여 영원히 삼악도를 떠나 모두 성불하도록 하겠습니다. 제가 최고 바른 깨달음을 이루기 전에 반드시 모든 중생들을 먼저 성불시키겠습니다." ㊲이 발원을 듣고 청정연화목 부처님께서 말씀하셨습니다. "참으로 자비로우신 광목 보살님! 어머님을 위하여 큰 발원을 하셨습니다. ㊳어머님께서는 열세 살이 되어도 지옥으로 가지 않을 것입니다. ㊴범천에 태어나서 백세를 누릴 것이며, 후에는 무우국토에[22] 태어나 불가계 겁을 살고, 또 그 후에는 부처님이 되어 강가강의 모래 수만큼 많은 사람과 하느님들을 제도할 것입니다." ⑩부처님께서 말씀하셨습니다. 정자재왕 보살님! 광목 여인을 제도한 아라한은 지금의 무진의 보살님이시고, 광목 여인의 어머님은 지금의 해탈 보살님이시며, 광목 여인은 지금의 지장 보살님이십니다. ⑪참으로 자비로우신 지장 보살님께서는 오랜 겁 동안 강가강의 모래 수만큼 많은 발원으로 널리 중생들을 제도하셨습니다. ⑫인과를 믿지 않고, 착한 행동을 하지 않고, 간음이나 망어나 양설이나 악구 등의 나쁜 행동을 하고, 대

승을 비방하는 중생들은 모두 악도에²³

떨어지게 됩니다. ㊸그러나 선지식의
안내를 받아 일심으로 지장 보살님의
명호를 염송하면 삼악도에서 벗어날 수
있게 됩니다. ㊹향·꽃·의복·진귀한
보배·음식 등을 공양하며, 지극한 마음
으로 공경하고 절하고 찬탄하는 중생은
백천만 겁 동안 계속 하늘나라에서 많
은 복을 누리게 됩니다. ㊺하느님의 복
이 다하여 다시 사람으로 태어나더라도
백천 겁 동안 계속 제왕이 되고 과거 세
상의 인과를 알 수 있게 됩니다. ㊻정자
재왕 보살님! 지장 보살님은 불가사의

한 큰 힘으로 널리 중생들을 이롭게 합니다. ㊼모든 보살님들은 지장경을 널리 유포시켜야 합니다. ㊽정자재왕 보살님께서 합장 공경하며 말씀드리셨습니다. 거룩하신 부처님! 염려하지 마십시오. ㊾저희 천만억 보살들은 부처님의 힘을 받들고 지장경을 널리 설하여 염부제 중생들을 이롭게 하겠습니다. ㊿사천왕님들이 자리에서 일어나 합장 공경하며 말씀드리셨습니다. 거룩하신 부처님! 지장 보살님께서 그렇게 오랜 겁 동안 큰 발원을 이루었다면, 어찌하여 아직도 중생들을 다 제도하지 못하고 또 다시 광대 발원을 하여야 합니까? 거룩하신 부처님! 말씀하여 주십시오. (51)부처님께서 말씀하셨습니다. 사천왕님! 잘 물으셨습니다. 참으로 잘 물으셨습니다. 사천왕님들과 하느님들과 사람들을 널리 이롭게 하기 위하여 말씀드리겠습니다. '자비로우신 지장 보살님께서 사바세계 염부제에서 생사 죄고 중생들을 제도하고 해탈시키시는 일'에 대하여 말씀드리겠습니다. (52)사천왕님들이 말씀드리셨습니다. 거룩하신 부처님! 잘 듣겠습니다. 자세히 잘 듣겠습니다. (53)부처님께서 말씀하셨습니다. 사천왕님! 지장 보살님께서는 오랜 겁 전부터 오늘까지 중생들을 제도하여 해탈시켜 오고 있지만, 아직도 그 발원을 다 이루지 못하셨습니다. (54)미래 무량 겁까지 업이 끊이지 않고 이어지는 죄고 중생들을 가엾게 여겨, 거듭 거듭 발원하여 백천만억 방법으로 교화하고 계십니다. (55)사천왕님! 지장 보살님은, 살생하는 자를 만나면 후생의 단명 과보를 말하여 주고, (56)도둑질하는 자를 만나면 가난으로 고생하는 과보를 말하여 주고, (57)간음하는 자를 만나면 공작이나 비둘기나 원앙새가 되는 과보를 말하여 주고, ㉘남을 지탄하는 자를 만나면 친인척과 다투는 과보를 말하여 주고, ㉙남을 험담하는 자를 만나면 혀가 없거나 입이 허는 과보를 말하여 주고, ㉚성내는 자를 만나면 얼굴이 추한 과보를 말하여 주고, ㉛인색하고 탐욕스러운 자를 만나면 이루려는 것을 이루지 못하는 과보를 말하여 주고, ㉜음식을 나눠 먹지 않는 자를 만나면 배고프고 목마르고 목에 병이 생기는 과보를 말하여 주고, ㉝사냥을 하는 자를 만나면 놀라서 목숨을 잃는 과보를 말하여 주고, ㉞부모의 뜻을 어기어 불효하는 자를 만나면 천재지변으로 죽게 되는 과보를 말하여 주고, ⑥⑤산이나 숲에 불을 지르는 자를 만나면 미쳐서 헤매다가 죽게 되는 과보를 말하여 주고, ⑥⑥자식에게 악독하게 하는 자를 만나면 내생에 자식으로 태어나서 매맞는 과보를 말하여 주고, ⑥⑦그물로 새를 잡는 자를 만나면 가족이 생이별하는 과보를 말하여 주고, ⑥⑧부처님이나 부처님의 법이나 거룩한 대중들을 비방하는 자를 만나면 봉사가 되고 귀머거리가 되고 벙어리가 되는 과보를 말하여 주고, ⑥⑨부처님의 법을 가벼이 여기는 자를 만나면 오랫동안 악도에서 고통받는 과보를 말하여 주고, ⑦⓪상습적으로 도둑질을 하는 자를 만나면 억 겁 동안 지옥에서 고통받는 과보를 말하여 주고, ⑦①죄없는 사람을 무고하게 욕보이는 자를 만나면 오랫동안 축생이 되는 과보를 말하여 주고, ⑦②끓는 물이나 불이나 흉기로 생명을 다치게 하는 자를 만나면 그러한 고통을 되받는 과보를 말하여 주고, ⑦③도덕이나 계율을 지키지 않는 자를 만나면 새나 짐승이 되어 굶주리는 과보를 말하여 주고, ⑦④물건을 함부로 마구 쓰는 자를 만나면 필요할 때에 없어서 못 쓰게 되는 과보를 말하여 주고, ㉟교만한 자를 만나면 미천한 종이 되는 과보를 말하여 주고, ㊱이간질하여 싸움을 붙이는 자를 만나면 혀가 없거나 여럿이 되는 과보를 말하여 주고, ㊲ 소견이 삿된 자를 만나면 혼란스러운 세상에 태어나는 과보를 말하여 줍니다. ㊳ 염부제 중생들이 몸과 말과 마음으로 나쁜 업을 지은 결과로 받게 되는 백천 가지 과보에 대하여 자상하게 말하여 줍니다. ㊴지장 보살님께서 염부제 중생들을 백천의 가지가지 방법으로 교화하고 있지만, 일부 중생들은 지금도 죄업을 짓고 죄보를 받기도 하고, 지옥에 떨어져 여러 겁이 지나도록 벗어나지 못하기도 합니다. ⑧⓪사천왕님들께서도 사람을 보호하고 나라를 보호하여 중생들이 죄업을 짓지 않도록 하여 주십시오. ⑧①부처님의 말씀을 듣고 사천왕님들이 감격의 눈물을 흘리며 합장 공경하였습니다.

5장. 지옥

①이때에 보현 보살님께서 말씀하셨습니다. 지장 보살님! 하느님이나 용신 등의 팔부신중들과 말법 중생들을 위하여 사바세계 염부제 중생들의 지옥 죄보에 관해 말씀하여 주십시오. ②지장 보살님께서 말씀하셨습니다. 보현 보살님! 큰 스승이신 부처님의 힘을 받들고, 각 지옥 죄보에 대하여 간략히 말씀드리겠습니다. ③보현 보살님! 염부제의 동쪽에 철위산이 있는데, 철위산은 어둡고 깊어서 햇빛이나 달빛이 없습니다. ④

철위산에는 극무간 지옥·대아비 지옥·
사각 지옥·비도 지옥·화전 지옥·협
산 지옥·통창 지옥·철거 지옥·철상 지
옥·철우 지옥·철의 지옥·천인 지옥·
철려 지옥·양동 지옥·포주 지옥·유
화 지옥·경설 지옥·좌수 지옥·소각 지
옥·담안 지옥·철환 지옥·쟁론 지옥·
철수 지옥·다진 지옥 등의 지옥들이[24]
있습니다. ⑤보현 보살님! 철위산에는
이외에도 수없이 많은 지옥들이[25] 있습
니다. ⑥규환 지옥·발설 지옥·분뇨 지
옥·동쇄 지옥·화상 지옥·화구 지옥·
화마 지옥·화우 지옥·화산 지옥·화석

지옥·화상 지옥[26]·화량 지옥·화응 지옥·거아 지옥·박피 지옥·음혈 지옥·소수 지옥·소각 지옥·도자 지옥·화옥 지옥·철옥 지옥·화량 지옥 등이 있습니다. 각 지옥에는 별도로 하나, 둘, 셋, 넷, 백, 천의 작은 지옥들이 있습니다. ⑦보현 보살님! 이 지옥들은 모두 염부제에서 나쁜 행동을 한 중생들의 업보로 생긴 것입니다. ⑧업력은 수미산보다 더 크고 큰 바다보다 더 깊어서 성스러운 길을 해칩니다. ⑨작은 악은 죄가 되지 않는다며 가벼이 여기지 말아야 합니다. ⑩죽은 뒤에는 털끝만 한 죄에 대하여서도 다 과보를 받으며, 부모와 자식간에도 대신 받아줄 수가 없습니다. ⑪제가 부처님의 힘을 받들고, 지옥의 죄보에 대하여 간략히 말씀드리겠습니다. 성심껏 말씀드리겠습니다. ⑫보현 보살님께서 말씀하셨습니다. 지장 보살님! 제 자신은 이미 오래 전부터 삼악도의 죄보를 알고 있습니다. ⑬지금 보살님께 부탁드리는 것은 말법세상 악행 중생들이 보살님의 말씀을 듣고 부처님의 법을 행하도록 하려는 것입니다. ⑭지장 보살님께서 말씀하셨습니다. 보현 보살님! 지옥의 죄보는 다음과 같습니다. ⑮죄인의 혀를 빼어 소가 쟁기로 가는 지옥도 있고, ⑯죄인의 심장을 빼어 야차가 먹는 지옥도 있고, ⑰펄펄 끓는 가마에 죄인의 몸을 삶는 지옥도 있고, ⑱벌겋게 달군 구리 기둥을 죄인에게 안도록 하는 지옥도 있고, ⑲맹렬한 불길이 죄인을 덮치는 지옥도 있고, ⑳언제나 얼음처럼 추운 지옥도 있고, ㉑똥·오줌이 한량없이 많은 지옥도 있고, ㉒쇠뭉치가 날아드는 지옥도 있고, ㉓많은 불 창으로 찌르는 지옥도 있고, ㉔몽둥이로 가슴과 등을 내려치는 지옥도 있고, ㉕손·발을 불태우는 지옥도 있고, ㉖ 쇠로 된 뱀이 칭칭 감는 지옥도 있고, ㉗ 쇠로 된 개가 쫓아오는 지옥도 있고, ㉘ 쇠로 된 나귀를 타도록 하는 지옥도 있습니다. ㉙ 보현 보살님! 옥마다 백천 가지 형틀이 있습니다. ㉚ 형틀들은 모두 구리나 쇠나 돌이나 불로 되어 있습니다. ㉛ 이 네 가지는 업보로 생겨난 것입니다. ㉜ 각 지옥마다 백천 가지 고통들이 있습니다. 그런데 그 많은 지옥의 형틀이나 고통들은 얼마나 많겠습니까! ㉝ 제가 부처님의 힘에 의지하여 보살님의 질문에 간략히 말씀드렸습니다. 자세히 말씀드리려면 겁이

다하여도 다 말씀드리지 못할 것입니
다.

6장. 부처님의 찬양찬탄

①부처님께서 큰 광명들을 놓으시어 백천억 강가강의 모래 수만큼 많은 세계를 두루 비추시며 모든 세계에 다 들리는 큰 목소리로 말씀하셨습니다. ② 보살님들과 하느님·용신·귀신·인비인들이여! 잘 들으십시오. 지장 보살님께서 시방 세계에서 불가사의한 큰 자비로 많은 죄고 중생들을 구제하시는 일을 찬양찬탄 하겠습니다. ③제가 열반한 후 보살님들과 하느님들과 용신들과 귀신들께서는 모든 중생들에게 지

장경을 독송하도록 하여 열반의 큰 기쁨을 누리도록 하여 주십시오. ④부처님의 말씀을 듣고 보광 보살님께서 합장 공경하며 말씀드리셨습니다. 거룩하신 부처님! 부처님께서는 지장 보살님의 불가사의한 큰 위신력을 찬탄하시겠다고 하셨습니다. ⑤거룩하신 부처님! 지장 보살님께서 사람과 하느님을 이롭게 하는 인과에 대하여 말씀하여 주십시오. 하느님과 용신 등의 팔부 신중들과 미래 중생들이 부처님의 말씀을 받들 수 있도록 말씀하여 주십시오. ⑥부처님께서 말씀하셨습니다. 보광 보살님! 말씀드리지요. 말씀드리겠습니다. 지장 보살님께서 하느님과 사람들을 이롭게 하시는 일에 대하여 간략히 말씀드리겠습니다. ⑦보광 보살님께서 말씀드리셨습니다. 거룩하신 부처님! 자세히 잘 듣겠습니다. ⑧부처님께서 말씀하셨습니다. 보광 보살님! 지장 보살님의 이름을 듣고 합장 찬탄 공경하는 선남자 선여인은 모두 삼십 겁 동안 죄에서 벗어나게 됩니다. ⑨보광 보살님! 지장 보살님의 탱화나 흙·돌·아교·칠·금·은·동·철 등의 조각상 앞에서 일심으로 예경하는 선남자 선여인은 한 번도 악도에 떨어지지 않고, 백 번을 삼십삼천에 태어납니다. ⑩ 하느님의 복이 다하여 사람으로 태어나더라도 영광을 잃지 않고 국왕이 됩니다. ⑪ 여인의 몸을 싫어하는 선여인이 쉬지 않고 날마다 정성을 다하여 지장 보살님의 탱화나 흙·돌·아교·칠·동·철 등의 조각상에 꽃·향·음식·의복·비단·깃발·휘장·돈·보물 등을 공양하면, 여인의 몸이 다한 후에는 백천만 겁 동안 여인으로 태어나지 않는 것은 물론이려니와 여인이 있는 세상에도 태어나지 않을 것입니다. ⑫ 자비원력으로 중생들을 제도하기 위하여 짐짓 여인의 몸으로 태어날 수는 있지만, 백천만 겁 동안 다시는 여인의 몸으로 태어나지 않습니다. ⑬보광 보살님! 못생기거나 병약한 여인이 한 나절 동안만이라도 지장 보살님의 상 앞에서 지극한 마음으로 절을 하면, 천만 겁 동안 아름답고 건강한 몸으로 태어날 것입니다. ⑭못생기거나 병약한 여인이 여인으로 태어나기를 기원하며 지극한 마음으로 지장 보살님께 절을 하면, 백천만억 겁 동안 좋은 집안의 딸로 태어나며, 단정하고 원만한 모습으로 태어나며, 여왕이나 왕비가 되는 복을 누리게 됩니다. ⑮보광 보살님! 선남자 선여인이 지장 보살님의 상 앞에서 악기를 연주하거나 노래를 불러 찬탄하거나, 향이나 꽃을 공양하거나, 다른 사람들에게 이를 권하면, 백천의 귀신들이 항상 보호할 것입니다. ⑯나쁜 일을 만나지 않는 것은 물론이려니와 귀에도 듣지 않게 됩니다. ⑰보광 보살님! '지장 보살님께 공양하거나 찬탄 예경하는 것'을 비웃는 사람이나 용신이나 귀신은 아비 지옥에 떨어질 것입니다. ⑱앞에서 비웃거나, 뒤에서 비웃거나, 혼자서 비웃거나, 남에게 권하여 함께 비웃거나, 잠시라도 비웃으면, 모두 현재 세상의 천 부처님께서 열반에 드신 후까지도 아비 지옥에 머무를 것입니다. ⑲천 겁이 지나야 아귀가 되고, 또 천 겁이 지나야 축생이 되고, 또 다시 천 겁이 지나야 겨우 사람의 몸으로 태어날 수 있습니다. 사람으로 태어나더라도 나쁜 업이 몸에 배여 있어서 가난하거나 미천하거나 불구자가 되며, 다시 악도에 떨어집니다. ⑳보광 보살님! 비웃기만 하여도 이런 과보를 받는데, 직접 지장 보살님의 상을 훼손하면 어떤 과보를 받겠습니까! ㉑보광 보살님! 오랫동안 병을 앓으면서 살려고 하여도 살지 못하고 죽으려고 하여도 죽지 못하는 사람이 있습니다. ㉒꿈에 악한 귀신이나 친족들과 험한 길을 헤매거나, 정신이 혼미하여 도깨비에 홀리거나 귀신과 놀거나 자면서 괴로워하는 사람들은 모두 죄과를 판정 받지 못하여 죽을 수도 없고 살 수도 없는 경우입니다. ㉓이런 경우에는 부처님이나 보살님의 상 앞에 '환자가 아끼는 물건이나 의복이나 보배'를 두고 큰 소리로 지장경을 읽어 주어야 합니다. ㉔혹은 정원이나 사택에서 환자가 들을 수 있도록 큰 소리로 지장경을 읽어 주어야 합니다. ㉕더불어, "지장 보살님! 모든 질병이 낫도록 기원합니다"라고[27] 환자가 들을 수 있도록 큰 소리로 염송해 주어야 합니다. ㉖환자의 의식이 흩어지고 기운이 다한 경우에도 하루·이틀·사흘·나흘·닷새·엿새·이레 동안 큰 소리로 염송하여 주어야 합니다. ㉗이렇게 하면 오랫동안 지은 죄로 무간 지옥에 떨어질 사람도 해탈하며 날 때마다 전생을 알게 됩니다. ㉘그런데 지장 보살님의 조각상이나 탱화 앞에서 직접 지장경을 읽거나 보시하는 공덕은 얼마나 크겠습니까! ㉙보광 보살님! 지장 보살님의 조각상이나 탱화 앞에서 일심으로 지장경을 독송하거나 찬탄 예경하면, 상상할 수 없이 많은 공덕을 누리게 됩니다. ㉚보광 보살님! 또 꿈이나 잠결에 귀신들이 나타나 슬피 울거나, 탄식하거나 두려워하는 것은 모두 한 생·열 생·백 생·천 생의 전생 부모·형제 자매·부부·친인척들이 악도에서 벗어나지 못하여, 전생 혈육에게 호소하여 벗어나고자 하는 것입니다. ㉛보광 보살님! 지장 보살님의 신통을 믿고 친인척들이 부처님이나 지장 보살님의 조각상이나 탱화 앞에서 지극한 마음으로 지장경을 세 번이나 일곱 번 읽거나 사람을 청하여 세 번이나 일곱 번 읽도록 하면, ㉜악도의 영혼들이 이 소리를 듣고 해탈하여, 다시는 꿈이나 잠결에 나타나지 않게 됩니다. ㉝보광 보살님! 또 전생의 업보를 참회하려는 노비나 노예 등 미천한 사람들은 지장 보살님의 상 앞에서 지극한 마음으로 칠 일 동안 지장 보살님의 명호를 만 번 염송하며 절을 하여야 합니다. ㉞이렇게 하면, 지금의 죄보가 다한 뒤에는 천만 생 동안 악도의 고통을 겪지 않고 존귀하게 태어납니다. ㉟보광 보살님! 또 염부제 안에서 아기가 태어나면 남자아기든지 여자아기든지, 찰리족의 아기든지 바라문의 아기든지, 장자의 아기든지 거사의 아기든지, 어떤 사람의 아기든지 칠 일 동안 지장경을 읽어주거나, 지장 보살님의 명호를 만 번 염송해주어야 합니다. ㊱이렇게 하면, 아기에게 있던 전생 죄보가 풀어지고, 안락하게 잘 자라며 수명도 늘게 됩니다. ㊲복을 타고난 아기의 경우에는 더욱 안락하고 수명도 더욱 길어지게 됩니다. ㊳보광 보살님! 매달 1일·8일·14일·15

일·18일·23일·24일·28일·29일·30일에는 죄업의 경중을 판정합니다. ㊈ 염부제 중생들이 방자한 마음으로 행한 살생·도둑질·간음·거짓말 등은 물론이려니와 염부제 중생들의 행동은 일거수일투족이 모두 죄업입니다. ㊉ 십재일에 한 번이라도 부처님이나 보살님의 상 앞에서 지장경을 읽으면, 동남서북[28] 백 유순 안의 모든 재난이 없어지고, 집안의 어른이나 아이들이 고통을 겪지 않게 되며, ㊋ 십재일마다 일심으로 읽으면 집안의 횡액이나 질병이 모두 없어지고 재물이 풍족하게 됩니다. ㊌ 보광 보살님! 지장 보살님에게는 말할 수 없이 큰 위신력이 있습니다. ㊸지장 보살님의 명호를 염송하거나 지장 보살님의 상에 예경하거나, 지장경의 한 구절·한 문장·한 게송·한 장이라도 읽는 염부제 중생들은 현재 세상에서는 안락하고, 미래의 백천만 세상에서도 항상 존귀한 가문에 단정한 몸으로 태어날 것입니다. ㊹지장 보살님을 찬탄하시는 부처님의 말씀을 듣고 보광 보살님께서 무릎 꿇고 합장하며 말씀드리셨습니다. 거룩하신 부처님! 저는 오래 전에 이미 지장 보살님의 상상할 수 없이 큰 신통과 큰 발원을 알았습니다. ㊺ 미래 중생들을 위하여 부처님께 다시 여쭙겠습니다. ㊻ 거룩하신 부처님! 지장경의 완전한 이름은 무엇이며, 어떻게 유포시켜야 되는지에 관해 말씀하여 주시기를 간절히 부탁드립니다. ㊼ 부처님께서 말씀하셨습니다. 보광 보살님! 지장경의 완전한 이름은 세 가지입니다. 첫째 이름은 '지장 보살 본원경'이며, 둘째 이름은 '지장 보살 본행경'이며, 셋째 이름은 '지장 보살 본서력경'입니다. 간략히 지장경이라고 합니다. ㊽ 지장 보살님은 멀고 먼 겁 전부터 참으로 큰 발원을 하고, 중생들에게 참으로 큰 이로움을 주어왔습니다. 지장경을 세상에 널리 유포시켜 주십시오. ㊾부처님의 말씀을 가슴 깊이 새기고 보광 보살님께서 합장 공경하며 절하셨습니다.

7장. 천도재의 의의

①지장 보살님께서 말씀드리셨습니다. 거룩하신 부처님! 염부제 중생들의 행동과 생각은 죄 아닌 것이 없으며, 모두가 죄입니다. ② 염부제 중생들은 좋은 인연을 만나 착한 행동을 하기로 마음을 내었다가도 금방 잊어버리게 됩니다. 나쁜 인연을 만나면 점점 나쁜 행동을 더 많이 하게 됩니다. ③무거운 돌을 지고 가다가 늪을 만나면 점점 더 깊이 빠지는 것과 같습니다. ④선지식은 큰 힘이 있기 때문에 짐의 일부를 대신 져

주기도 하고 전부를 대신 져 주기도 하고, 늪에서 빠져 나올 수 있도록 도와 주기도 합니다. ⑤평지에 이르면, 잘못된 행동을 반성하여 되풀이하지 않도록 합니다. ⑥거룩하신 부처님! 악습을 익혀 한량없이 많은 죄를 다시 저지른 중생들이 임종을 맞으면 가족들은 복을 닦아 앞길을 도와주어야 합니다. ⑦깃발을 걸거나 휘장을 달거나 등불을 밝히거나, 지장경을 읽거나 부처님이나 성스러운 분들의 상에 공양하거나, 일심으로 부처님이나 보살님이나 벽지불의 명호를 염송하여, 임종하는 사람의 귀나 본식에²⁹ 들어가도록 해 주어야 합니다. ⑧지은 악업 때문에 악도에 떨어질 사람도 친인척들이 성스러운 일을 하여 주면, 모든 죄가 소멸될 수도 있습니다. ⑨죽은 뒤 칠칠일 안에 많은 공덕을 지어주면, 죽은 사람이 악도에 떨어지지 않고, 사람이나 하느님으로 태어나 많은 복을 누리게 되며, 친인척들도 많은 복을 누리게 됩니다. ⑩부처님을 모시고 하느님이나 용신·인비인 등의 팔부 신중들 앞에서 권유합니다. 염부제 중생들이 초상 날에 귀신이나 도깨비들에게 제사지내기 위하여 살생을 하지 않도록 하여야 합니다. ⑪산목숨을 죽여 제사를 지내는 일은 죽은 사람에게 조금도 이롭지 않습니다. 오히려 죄를 더 무겁게 합니다. ⑫착한 일을 하여 사람이나 하느님으로 태어나게 되어 있었더라도, 임종할 때에 친인척들이 악을 지으면 좋은 곳에 태어나는 것이 늦어질 수도 있습니다. ⑬더구나 임종하는 사람이 생전에 착한 일을 하지 않아 악도에 가도록 되어 있는데 친인척들이 죄업을 더 보태면 어떻게 되겠습니까! ⑭백 근이 넘는 물건을 짊어지고 삼일 동안 굶으며 먼 곳에서 오는 사람에게 다른 사람이 작은 보따리를 보태어, 더 힘들게 하는 것과 같습니다. ⑮거룩하신 부처님! 불교를 믿어 털끝 하나·물 한 방울·모래 한 알·티끌 하나만큼이라도 착한 행동을 한 염부제 중생은 이 착한 행동의 공덕을 모두 자기자신이 누리게 됩니다. ⑯오래 전에 무생법인을[30] 증득하고 시방의 중생들을 제도하기 위하여 장자의 몸으로 나투었던 대변 장자님께서 지장 보살님의 말씀을 듣고 합장 공경하며 말씀하셨습니다. 지장 보살님! 염부제 중생이 죽은 후에 친인척들이 공덕을 닦거나 재를 베풀어 주면 죽은 사람이 해탈의 큰 복을 누릴 수 있습니까? ⑰지장 보살님께서 말씀하셨습니다. 대변 장자님! 부처님의 힘을 받들고 말씀드리겠습니다. ⑱대변 장자님! 중생이 임종할 때에, 한 부처님의 명호나 한 보살님의 명호나 한 벽지불의 명호만 들어도 죄의 유무에 관계없이 모두 해탈하게 됩니다. ⑲살아 있을 때에 나쁜 행동을 많이 하고 착한 행동을 하지 않았던 사람을 위하여 죽은 후에 친인척들이 복을 지어 주면, 그 공덕의 칠분의 일은 죽은 사람이 누리고 칠분의 육은 산 사람이 누리게 됩니다. ⑳

직접 공덕을 지은 선남자 선여인은 공덕의 전부를 자신이 누리게 됩니다. ㉑ 예고 없이 찾아온 저승 사자를 만나 죽은 영혼은 칠칠일 동안 자신의 죄와 복을 알지 못하고 완전히 바보처럼 멍청하게 있다가, 업을 판정 받은 후, 업을 따라 다시 태어나게 됩니다. ㉒악도에 떨어진 후에는 물론이려니와 앞길을 예측할 수 없는 동안에도 근심과 고통이 많습니다. ㉓새로운 생을 받지 못한 칠칠일 동안에 친인척들이 복을 지어 고통에서 구하여 주기를 바라던 영혼은 칠칠일이 되면 업보를 받게 됩니다. ㉔ 천만 년이 지나도 해탈하지 못할 죄인도 있고, 대지옥에서 천만 겁 동안 온갖 고통을 받을 죄인도 있습니다. ㉕ 대변 장자님! 명을 마친 죄업 중생들을 위하여 친인척들이 천도재를 지내주는 경우, 음식배열이나 진행순서를 어기지 않아야 하며, 쌀뜨물이나 채소찌꺼기 등을 함부로 버리지 않아야 하며, 부처님과 스님께 올린 후에 먹어야 합니다. ㉖ 경건하지 않거나 먼저 먹으면 영혼이 복을 덜 누리게 됩니다. ㉗ 정성을 다하고 형식을 갖추어 부처님과 스님께 받들어 올려야 영혼이 공덕의 칠분의 일을 누리게 됩니다. ㉘대변 장자님! 목숨이 다한 부모나 친인척을 위하여 염부제 중생이 지극한 마음으로 정성껏 천도재를 올려주면 죽은 사람도, 살아있는 사람도 모두 복을 누리게 됩니다. ㉙도리천에 있던 천만억 나유타 염부제 귀신들과 대변 장자님께서 지장보살님의 말씀을 듣고 모두 한량없이 거룩한 보살 마음을 내었고 기뻐하며 합장 공경하였습니다.

8장. 귀신들의 역할

① 염라대왕 등 철위산에 있던 한량없이 많은 귀신왕들도[31] 도리천 하늘법회에 왔습니다. ② 악독 귀신왕·다악 귀신왕·대쟁 귀신왕·백호 귀신왕·혈호 귀신왕·적호 귀신왕·산앙 귀신왕·비신 귀신왕·전광 귀신왕·낭아 귀신왕·천안 귀신왕·담수 귀신왕·부석 귀신왕·주모 귀신왕·주화 귀신왕·주복 귀신왕·주식 귀신왕·주재 귀신왕·주축 귀신왕·주금 귀신왕·주수 귀신왕·주매 귀신왕·주산 귀신왕·주명 귀신왕·주

질 귀신왕·주험 귀신왕·삼목 귀신왕·
사목 귀신왕·오목 귀신왕·기리실왕·
대기리실왕·기리차왕·대기리차왕·
아나타왕·대아나타왕 등의 귀신 대왕
들도 왔습니다. ③ 염부제에서 맡은 소
임이 각각 다르고 머무는 곳이 각각 다
른 백천 귀신 소왕들도 왔습니다. ④ 모
두 부처님과 지장 보살님의 위신력으로
도리천 하늘법회에 와서 자리를 같이하
였습니다. ⑤ 염라대왕이 무릎 꿇고 합
장 공경하며 말씀드리셨습니다. 거룩
하신 부처님! 저희 귀신왕들은 부처님
과 지장 보살님의 위신력으로 이 도리

천의 하늘법회에 오게 되어 큰 영광입니다. 몇 가지 궁금한 점이 있습니다. 자비를 베푸시어 저희들의 궁금증을 풀어 주십시오. ⑥부처님께서 말씀하셨습니다. 염라대왕님! 물어 보십시오. 말씀드리겠습니다. ⑦ 염라대왕이 부처님께 예경하고 지장 보살님을 보신 후 부처님께 말씀드리셨습니다. 거룩하신 부처님! 지장 보살님께서는 힘들어하거나 지겨워하지 않고 백천의 가지가지 방법으로 육도의 고통 중생들을 불가사의한 신통으로 제도하고 계시지만, 중생들은 다시 악도에 빠진다는 말을 들었습니다. ⑧거룩하신 부처님! 지장 보살님께서 불가사의한 신통으로 제도하였다면, 중생들은 착함에 머무르고 영원한 해탈을 얻어야 할 것 같습니다. 그런데 어찌하여 그렇게 하지 못합니까? 거룩하신 부처님! 가르쳐 주십시오. ⑨ 부처님께서 말씀하셨습니다. 염라대왕님! 불행의 길에서 습관적으로 죄를 짓고 고통받는 일에 너무나 익숙해 있어서 제도하기가 어려운 염부제 중생들을 지장 보살님께서는 백천 겁 동안 가지가지 방법으로 악도에서 구하여 내어 전생의 일을 알게 해 주었습니다. ⑩그러나 염부제 중생들은 나쁜 습관에 심하게 젖어 있어 다시 악도로 들어갑니다. ⑪그래서 지장 보살님께서는 여러 겁 동안 계속 제도하고 있는 것입니다. ⑫예를 들어보겠습니다. 길을 잃고 야차·호랑이·사자·독사 등의 맹수들이 우글거리는 험한 길로 잘못 들어선 사람이 있다고 합시다. ⑬도가 높은 선지식이 맹수들의 위험을 가르쳐 주고 말합니다. ⑭'어쩌자고 이 위험한 길로 들어섰습니까? 맹수들을 만나면 어쩌려고 이 길로 들어섰습니까!' ⑮이 말을 듣고 위험한 길에서 벗어나려는 사람의 손을

잡고 바른 길로 안전하게 인도하여 주며 선지식이 말합니다. ⑯"어쩌려고 그 길로 들어갔습니까! 다시는 가지 마십시오. 그 길로 들어가면 좀체로 벗어나기가 어렵고 목숨까지도 잃을 수가 있습니다." ⑰길을 잃었던 사람은 참으로 고마워합니다. ⑱작별하면서 선지식이 또 말합니다. ⑲"친지거나 아니거나, 남자거나 여자거나, 그 길로 가려는 사람이 있으면 맹수들에게 목숨을 잃을 수도 있다는 말을 하여 주십시오." ⑳대자대비하신 지장 보살님께서 죄고 중생들을 악도에서 구해내어 하느님이나 사람의 복을 누리도록 하는 것은 선지식이 길 잃은 사람을 위험한 곳에서 구해내어 안전한 곳에서 편안하게 생활하도록 하는 것과 같습니다. ㉑다시는 악도에 들어가지 않도록 당부하는 것은 다시는 위험한 길로 들어가지 않도록 당부하는 것과 같습니다. ㉒죄고 중생이 전생의 일을 잊어버리는 것은 길 잃었던 사람이 맹수의 위험을 잊어버리는 것과 같습니다. ㉓다시 악도로 들어가는 것은 다시 위험한 길로 들어가는 것과 같습니다. ㉔악독 귀신왕이 합장 공경하며 말씀드리셨습니다. 거룩하신 부처님! 저희 귀신왕들이 염부제 사람들의 행동에 따라 어떤 사람에게는 복을 주기도 하고, 어떤 사람에게는 재난을 주기도 합니다. ㉕저희들이 염부제 세상을 다니다 보면, 나쁜 행동을 하는 중생은 많고 착한 행동을 하는 중생은 적습니다. ㉖가정이나 성읍이나 마을이나 장원이나 주택가를 지나다가, 부처님의 법을 찬양하는 깃발을 걸거나 휘장을 달거나, 부처님이나 보살님의 상 앞에 향이나 꽃을 올리거나, 지장경을 한 구절 한 게송이라도 독송하는 등 털 끝 하나만큼이라도 착한 행동을 하는 사람을 보면, 저희 귀신왕들은 부처님를 예경하듯이 예경합니다. ㉗ 땅의 신들에게 이들을 보호하도록 하여 나쁜 일이나 몹쓸 병이 집안에 들지 못하게 하는 것은 물론이려니와 집 근처에도 얼씬하지 못하게 합니다. ㉘ 부처님께서 귀신왕들을 찬탄하셨습니다. 잘 하시는 일입니다. 참으로 잘 하시는 일입니다. ㉙ 염라대왕 등 귀신왕들이 선남자 선여인을 보호한다니 저도 제석천 하느님 왕에게 일러서 귀신왕들을 보호하도록 하겠습니다. ㉚ 이 말씀을 듣고 주명 귀신왕이 말씀드리셨습니다. 거룩하신 부처님! 저는 염부제 사람들의 수명을 맡고 있습니다. 태어나는 시간이나 죽는 시간을 모두 제가 결정합니다. ㉛저는 중생들을 이롭게 하려고 하는데, 저의 뜻을 알지 못하는 중생들은 태어나고 죽는 것을 두려워하고 있습니다. ㉜염부제 사람들이 출산할 즈음에 착한 일을 하여 집안 기운을 돋우면 땅의 신이 아기와 어머니를 편안하도록 하고 친인척에게도 복을 줍니다. ㉝산모나 친인척들이 살생한 고기를 먹거나 술을 마시며 노래를 부르거나 풍악을 즐기면, 아기나 어머니에게 모두 좋지 못합니다.

㉞아기가 태어나면 악한 귀신이나 악한 도깨비들이 피비린내를 맡고 모여들고, 저와 가옥의 신·땅의 신들은 아기와 어머니를 편안하도록 돌보아 줍니다. ㉟편안하면 고마워하여야 할 터인데 산목숨을 죽여 잔치를 벌려서 재앙을 불러들이고 아기와 어머니에게 해를 끼치는 경우가 많습니다. ㊱또, 염부제에서 착한 행동을 하여 선근의 힘이 있는 사람은 물론이려니와 나쁜 행동을 한 사람이 임종하는 경우에도 저희들은 악도에 떨어지지 않도록 하고 있습니다. ㊲염부제에서 나쁜 행동을 한 사

람은 물론이려니와 착한 행동을 한 사람이 임종할 때에도 백천의 많은 악한 귀신들이 부모나 친인척의 모습으로 나타나 영혼을 악도로 인도합니다. ㊳ 거룩하신 부처님! 임종 직후의 영혼은 모두 정신이 혼미하여 선악을 분간하지 못합니다. ㊴ 친인척들이 큰 공양을 베풀고 지장경을 읽고, 부처님이나 보살님의 명호를 염송하여 주면, 악한 귀신들이 물러가고, 영혼이 악도에 떨어지지 않게 합니다. ㊵ 부처님이시여, 임종하는 중생이 한 부처님의 명호나 한 보살님의 명호만 들어도, 지장경의 한 구절·한 게송만 들어도, 소소한 악업으로 악도에 떨어질 자는 바로 해탈합니다. 오무간죄가 아닌 소소한 악업으로 악도에 떨어질 자는 바로 해탈합니다. ㊶부처님께서 말씀하셨습니다. 자비로우신 주명 귀신왕! 주명 귀신왕께서 그렇게도 큰 발원을 하시어 '태어나고 죽는 중생들'을 보살피고 계십니다. ㊷앞으로도 그 발원을 저버리지 마시고, 태어나고 죽는 중생들을 모두 해탈시켜 안락하도록 하여 주십시오. ㊸주명 귀신왕이 말씀드리셨습니다. 거룩하신 부처님! 염려하지 마십시오. 태어나고 죽는 염부제 중생들을 모두, 이 몸이 다하도록 잠시도 쉬지 않고 보호하여, 편안하도록 하겠습니다. 모두 해탈하여 많은 복을 누리도록 하겠습니다. ㊹부처님께서 말씀하셨습니다. 지장 보살님! 수명을 맡은 주명 귀신왕은 백천생 동안 귀신왕이 되어, 태어나고 죽는 중생들을 보호하고 있습니다. ㊺주명 귀신왕의 참된 모습은 귀신왕이 아닙니다. 자비원력으로 중생들을 위하여 귀신왕의 몸으로 나투신 보살입니다. ㊻주명 귀신왕은 일백칠십 겁 후 성불할 것입니다. 정주 세계 안락 겁에서 수명이 불가계 겁인 무상 부처님으로 출현하실 것입니다. ㊼지장 보살님! 주명 귀신왕이 제도한 하느님이나 사람의 수는 상상할 수 없이 많고 한량없이 많습니다.

9장. 염불 공덕

①지장 보살님께서 말씀드리셨습니다. 거룩하신 부처님! 태어나고 죽는 중생들에게 매우 큰 이로움이 될 법을 설하고자 합니다. 허락하여 주십시오. ②부처님께서 말씀하셨습니다. 자비로우신 지장 보살님! 고통받는 육도 중생들에게 '상상할 수 없이 거룩한 법'을 설하시기에 매우 적절한 시점입니다. 어서 설하십시오. ③보살님께서 설법을 마치셔야, 제가 중생 걱정을 잊고 이 세상을 떠날 수 있겠습니다. ④지장 보살님께

서 말씀드렸습니다. 거룩하신 부처님! 무량 아승기 겁 전에 무변신 부처님께서 세상에 출현하셨습니다. ⑤잠시만이라도 무변신 부처님의 명호를 염송하는 사람은 사십 겁 동안 생사중죄에서[32] 벗어나게 됩니다. ⑥그런데 무변신 부처님의 조각상이나 탱화 앞에 공양 찬탄하는 사람에 대하여서야 말할 나위가 있겠습니까! ⑦이런 사람은 한량없이 많고 끝없이 많은 복을 누리게 될 것입니다. ⑧또 강가강의 모래 수만큼 많은 겁 전에 보성 부처님께서[33] 세상에 출현하셨습니다. ⑨보성 부처님의 명호를 잠시라도 염송하는 사람은 무상도에 머물 것입니다. ⑩또 옛적에 파두마승 부처님께서 세상에 출현하셨습니다. ⑪파두마승 부처님의 명호를 한 번이라도 염송하는 사람은 계속 육욕천에 천 번을 태어날 것입니다. ⑫그런데 지극한 마음으로 염송하는 사람의 공덕은 얼마나 크겠습니까! ⑬또 불가설 아승기 겁 전에 사자후 부처님께서 세상에 출현하셨습니다. ⑭일념으로 사자후 부처님의 명호를 염송하는 사람은 한량없이 많은 부처님들을 만나서 마정수기를 받을 것입니다. ⑮또 옛적에 구류손 부처님께서 세상에 출현하셨습니다. ⑯ 구류손 부처님의 명호를 지극한 마음으로 염송하고 예경 찬탄하는 사람은 현재 세상의 일천 부처님 회상에서 대범천 하느님이 되어 성불수기를 받을 것입니다. ⑰ 또 옛적에 비바시 부처님께서 세상에 출현하셨습니다. ⑱ 비바시 부처님의 명호를 염송하면, 악도에 떨어지지 않고 사람이나 하느님으로 태어나 많은 복을 누리게 됩니다. ⑲ 또 무량무수 강가사 겁 전에 보승 부처님께서 세상에 출현하셨습니다. ⑳ 일념으로 보승 부처님의 명호를 염송하는 사람은 악도에 떨어지지 않고 하늘나라에 태어나 많은 복을 누리게 됩니다. ㉑또 무량 무수 겁 전에 보상 부처님께서 세상에 출현하셨습니다. ㉒보상 부처님의 명호를 염송하거나 예경하는 사람은 아라한의 경지에 이르게 됩니다. ㉓또 무량 무수 겁 전에 가사당 부처님께서 세상에 출현하셨습니다. ㉔가사당 부처님의 명호를 염송하면 일백 대겁 동안 나고 죽는 죄에서 벗어나게 됩니다. ㉕또 옛적에 대통산왕 부처님께서 세상에 출현하셨습니다. ㉖대통산왕 부처님의 명호를 염송하는 사람은 강가강의 모래 수만큼 많은 부처님을 만나서 많은 설법을 듣고 최고 바른 깨달음을 이루게 됩니다. ㉗또 정월 부처님, 산왕 부처님, 지승 부처님, 정명왕 부처님, 지성취 부처님, 무상 부처님, 묘성 부처님, 만월 부처님, 월면 부처님 등 불가설 부처님들이 출현하셨습니다. ㉘거룩하신 부처님! 하느님이든 사람이든, 남자든 여자든, 어떤 중생이라도 한 부처님의 명호만 염송하여도 한량없이 많은 공덕을 이루게 됩니다. ㉙그런데 여러 부처님의 명호를 염송하는 중생의 공덕은 얼마나 많겠습니까! ㉚이런 중생들은 살아있을 때에나 죽은 후에나 악도에 떨어지지 않고, 항상 많은 복을 누리게 됩니다. ㉛ 임종하는 사람을 위하여 높은 소리로 한 부처님의 명호만 염송하여 주어도, 임종하는 사람은 오무간대죄를[34] 제외한 여타의 죄는 모두 소멸됩니다. ㉜ 오무간대죄는 너무나 무거워서 억 겁이 지나도 벗어날 수 없는 것이지만, 임종하는 사람을 위하여 다른 사람이 부처님의 명호를 염송하여 주면 오무간대죄도 점진적으로 소멸됩니다. ㉝ 직접 염불하면 한량없이 많은 복을 이루고 한량없이 많은 죄가 소멸됩니다.

10장. 보시 공덕

①지장 보살님께서 부처님의 힘을 받들고 자리에서 일어나 무릎 꿇고 합장 공경하며 말씀드리셨습니다. ②거룩하신 부처님! 중생들의 보시에는 작은 복도 있고 큰 복도 있는 것 같습니다. ③한 생 동안 받는 복도 있고, 열 생 동안 받는 복도 있고, 백 생 천 생 동안 받는 복도 있는 것 같습니다. ④거룩하신 부처님! 이에 대하여 말씀하여 주십시오. ⑤부처님께서 말씀하셨습니다. 지장 보살님! 도리천 하늘법회에 오신 많은

대중들을 위하여 염부제 보시의 크고 작음에 대하여 말씀드리겠습니다. 자세히 말씀드리겠습니다. ⑥지장 보살님께서 말씀드리셨습니다. 거룩하신 부처님! 자세히 잘 듣겠습니다. ⑦부처님께서 말씀하셨습니다. 지장 보살님! 염부제에서 꼽추·벙어리·귀머거리·장님 등의 불구자나 가난한 사람들에게 자비롭고 겸손한 미소와 부드러운 말로 직접 보시하거나 다른 사람이 보시하도록 한 국왕·국무총리·장관·재벌·대찰리·대바라문 등은 강가강의 모래 수만큼 많은 부처님들께 보시한 것과 같은 복을 짓는 것입니다. ⑧높고 귀한 자리에 있는 사람이 가난하거나 불구인 사람들에게 자비로운 마음을 내는 것만으로도 백천 생 동안 계속 금은보화를 많이 가지는 복을 짓는 것입니다. ⑨그런데 의복이나 음식 등을 보시하는 사람은 얼마나 많은 복을 짓는 것이겠습니까! ⑩지장 보살님! 부처님의 탑·절·경전·상이나 보살·성문·벽지불의 상에 직접 공양하고 보시하는 국왕이나 바라문 등은 삼 겁 동안 제석천 하느님이 되는 복을 짓는 것입니다. ⑪이 보시 공덕을 법계에 회향하는 국왕이나 바라문 등은 십 겁 동안 계속 대범천 하느님이 되는 복을 짓는 것입니다. ⑫지장 보살님! 훼손된 부처님의 탑·절·경전·상을 혼자 수리하거나 다른 사람과 함께 수리한 국왕·바라문 등은 백천 생 동안 계속 전륜성왕이 되는 복을 짓는 것입니다. ⑬함께 수리한 사람들은 백천 생 동안 계속 국왕이 되는 복을 짓는 것입니다. ⑭이를 회향하는 국왕·바라문 등은 최고 바른 깨달음을 이루는 복을 짓는 것입니다. ⑮한량없이 크고 끝없이 많은 복을 짓는 것입니다. ⑯지장 보살님! 노약자나 임산부에게 한 번이라도 자비로운 마음으로 의약·음식·잠자리를 보시한 국왕·바라문 등은 상상할 수 없이 많은 복을 짓는 것입니다. ⑰백 대겁 동안 계속 정거천 하느님이 되고, 이백 대겁 동안 계속 육욕천 하느님이 되는 복을 짓는 것입니다. ⑱백천 생 동안 악도에 떨어지지 않고 괴로운 소리를 듣지 않고 반드시 성불할 복을 짓는 것입니다. ⑲지장 보살님! 이러한 보시를 하는 국왕이나 바라문 등은 한량없이 많은 복을 짓는 것입니다. ⑳이러한 보시 공덕을 회향하는 국왕이나 바라문 등은 반드시 성불할 것입니다. ㉑

그런데 제석천 하느님·범천 하느님·전륜성왕이 되는 것쯤이야 말할 필요도 없을 것입니다. ㉒지장 보살님! 중생들에게 이러한 보시를 하도록 권하여 주십시오. ㉓지장 보살님! 부처님의 법을 믿고 털 끝 하나만큼이라도 착한 행동을 한 선남자 선여인은 무엇으로도 비교할 수 없을 만큼 많은 복을 짓는 것입니다. ㉔지장 보살님! 부처님의 상이나 보살·벽지불·전륜성왕의 상에 보시하는 선남자 선여인은 사람이나 하느님으로 태어나 큰 기쁨을 누리는 복을 짓는 것입니다. ㉕법계에 회향하는 사람은 무엇으로도 비교할 수 없을 만큼 많은 복을 짓는 것입니다. ㉖ 지장 보살님! 지장경의 한 게송·한 구절이라도 간절히 독송하는 선남자 선여인은 한량없이 많고 끝없이 많은 복을 짓는 것입니다. ㉗ 법계에 회향하는 사람은 무엇으로도 비교할 수 없을 만큼 많은 복을 짓는 것입니다. ㉘ 지장 보살님! 부처님의 탑·절·경전·상에 예경하거나, 훼손된 탑·절·경전·상을 혼자 보수하거나 다른 사람과 함께 보수하여 예경하는 선남자 선여인들은 백천 생 동안 전륜성왕이 되는 복을 짓는 것입니다. ㉙ 함께 보수하여 예경한 사람들은 왕이 되는 복을 짓는 것입니다. 이 전륜성왕은 이 왕들을 선법으로 제도할 것입니다. ㉚ 지장 보살님! 또, 탑·절·경전·상의 수리 공덕이나 탑·절·경전·상에의 공양 공덕을 친인척들에게 회향하는 선남자 선여인은 삼생의 낙을 누리는 복을 짓는 것입니다. ㉛ 털 끝 하나·티끌 하나·모래 한 알·물 한 방울만큼이라도 법계에 회향하는 선남자 선여인은 백천 생 동안 많은 복을 누리게 됩니다. 만 배의 복을 누리게 됩니다. ㉜ 지장 보살님! 보시의 인연은 이와 같습니다.

11장. 땅의 신

①이때에 견뢰지신이 말씀드리셨습니다. 거룩하신 부처님! 불가사의한 큰 신통과 지혜로써 중생을 널리 제도하시는 한량없이 많은 보살님들을 오래 전부터 예경하였지만, 지장 보살님의 발원은 참으로 깊습니다. ②거룩하신 부처님! 문수 보살님·보현 보살님·관음 보살님·미륵 보살님도 백천 가지 몸으로 염부제의 육도 중생을 제도하고 계시지만, 지장 보살님께서 염부제의 육도 중생을 제도하기로 발원한 지는 천백억

강가강의 모래 수 겁보다 훨씬 더 오래 되었습니다. ③거룩하신 부처님! 살고 있는 집 남쪽 정결한 땅에 흙·돌·대·나무 등으로 전각을 지어, 지장 보살님의 상을 금·은·동·철로 조성하거나 탱화를 그려 모시고, 향을 공양하며 예배 공경 찬탄하는 사람은 열 가지 복을 누리게 됩니다. ④첫째, 농사가 풍년이 들게 됩니다. 둘째, 집안이 평안하게 됩니다. 셋째, 먼저 죽은 가족들이 하느님으로 태어나게 됩니다. 넷째, 살아있는 가족들이 건강하게 오래 살게 됩니다. 다섯째, 하는 일이 모두 뜻대로 이루어지게 됩니다. 여섯째, 화재나 수재를 만나지 않게 됩니다. 일곱째, 승진이 잘 되게 됩니다. 여덟째, 악몽을 꾸지 않게 됩니다. 아홉째, 출입할 때에 신장이 보호하게 됩니다. 열째, 좋은 인연을 많이 만나게 됩니다. ⑤ 거룩하신 부처님! 살고 있는 집 근처에서 이러한 공양을 하는 중생들은 이와 같이 많은 복을 누리게 됩니다. ⑥ 거룩하신 부처님! 살고 있는 집 근처에 지장 보살님의 상을 모시고, 지장경을 읽거나 지장 보살님의 상에 공양하는 선남자 선여인은 저희가 밤낮으로 항상 보호하고 있습니다. ⑦

물·불·도둑·횡액·나쁜 일이 없도록
하고 있습니다. ⑧부처님께서 말씀하
셨습니다. 견뢰 지신님! 지신님의 신통
은 다른 신들이 따르기가 어렵습니다.
⑨염부제의 땅이 모두 지신님의 보호
를 받고 풀·나무·모래·돌·곡식·보배
등 땅에서 나는 것들은 모두 지신님의
보호를 받습니다. ⑩다른 지신들보다
도 공덕과 신통이 백천 배나 되는 견뢰
지신님께서 지장 보살님의 복에 대하여
이렇게 찬탄하고 계십니다. ⑪일심으
로 지장 보살님께 공양하고, 일심으로
지장경을 독송하는 선남자 선여인은 지

신님의 보호로 어떤 재해도 입지 않고 모든 일이 뜻대로 됩니다. ⑫지신님만이 이 사람을 보호하는 것이 아니라, 제석천 하느님·범천 하느님 등 온갖 하느님들도 이 사람을 보호하고 있습니다. ⑬지장 보살님의 상에 예경하거나 지장경을 독송하는 선남자 선여인은 이러한 분들의 보호를 받아 반드시 고통 바다에서 벗어나 열반의 큰 기쁨을 누리게 됩니다.

12장. 지장 보살님의 위신력

①이때에 부처님께서 정수리로부터 호상광들을[35] 놓으셨습니다. 백 호상광, 대백 호상광, 서 호상광, 대서 호상광, 옥 호상광, 대옥 호상광, 자 호상광, 대자 호상광, 청 호상광, 대청 호상광, 벽 호상광, 대벽 호상광, 홍 호상광, 대홍 호상광, 녹 호상광, 대녹 호상광, 금 호상광, 대금 호상광, 경운 호상광, 대경운 호상광, 천륜 호상광, 대천륜 호상광, 보륜 호상광, 대보륜 호상광, 일륜 호상광, 대일륜 호상광, 월륜 호상광, 대월

륜 호상광. 궁전 호상광, 대궁전 호상광, 해운 호상광, 대해운 호상광 등 백천만억의 많은 호상광들을 놓으셨습니다. ②호상광들을 놓으신 후 거룩한 음성으로 말씀하셨습니다. 하느님·용신 등의 팔부신중님들! 이 도리천 하늘법회에서 지장 보살님을 찬양찬탄 하겠습니다. ③사람과 하느님들에게 상상할 수 없이 많은 복을 주시며, 성현의 지위에 오르도록 하시며, 십지를 증득하도록 하시며, 최고 바른 깨달음을 이루도록 하시는 지장 보살님을 찬양찬탄 하겠습니다. ④부처님의 말씀을 듣고 관세음 보살님께서 자리에서 일어나 무릎 꿇고 합장하며 말씀드리셨습니다. 거룩하신 부처님! 대자대비 지장 보살님께서 상상할 수 없이 큰 공덕과 신통으로 천만억 세계에 천만억 몸으로 나투시어 죄고 중생을 제도하신다는 사실을 부처님과 시방의 한량없이 많은 과거·현재·미래의 부처님들께서 이구동성으로 찬탄하셨습니다. ⑤그런데 부처님께서 또 찬탄하시려고 하십니다. ⑥ 거룩하신 부처님! 지장 보살님의 상상할 수 없이 큰 공덕과 신통을 말씀하셔서 하느님·용신 등의 팔부신중들로 하여금 우러러 예배하여 복을 누리게 하여 주십시오. ⑦부처님께서 말씀하셨습니다. 관세음 보살님! 사바세계에서 지장 보살님의 명호를 염송하거나 지장 보살님을 예경 찬탄하는 하느님·용신·남자·여자·귀신 등의 육도 중생들은 항상 최고 바른 깨달음으로 나아갈 것입니다. ⑧항상 사람이나 하느님으로 태어나는 복을 누리며, 인과가 익어지면 성불수기를 받을 것입니다. ⑨보살님께서 큰 자비로써 중생을 위하여 지장 보살님의 불가사의한 위신력에 대하여 밝혀 달라고 부탁하셨으니 말씀드리

겠습니다. ⑩관세음 보살님께서 말씀
드리셨습니다. 거룩하신 부처님! 잘 듣
겠습니다. 자세히 잘 듣겠습니다. ⑪부
처님께서 말씀하셨습니다. 관세음 보살
님! 하느님의 복이 다하여 오쇠상이 나
타나는 하느님이나 악도에 떨어지게 된
선남자 선여인이 지장 보살님의 명호
를 염송하거나 지장 보살님의 상에 예
경하며 절하면, 삼악도의 죄보를 겪지
않고 많은 복을 누리게 됩니다. ⑫그런
데 지장 보살님께 향·꽃·의복·음식·
보배목걸이 등을 공양하면 얼마나 많은
복을 누리겠습니까! 한량없이 많고 끝

없이 많은 복을 누릴 것입니다. ⑬관세음 보살님! 임종하려는 중생에게 지장 보살님의 명호를 한 번이라도 들려주면 삼악도의 고통을 겪지 않게 됩니다. ⑭그런데 부모나 친인척들이 사택·재물·보배·의복 등을 팔아서 지장 보살님의 상을 만들면 이 공덕이 얼마나 많겠습니까! ⑮죽기 전에 직접 사택·재물·보배·의복 등을 팔아서 지장 보살님의 상을 만들거나 친인척들에게 만들도록 하면, 이 공덕이 얼마나 많겠습니까! 지은 업보로 중병을 앓고 있는 사람이 이런 공덕을 지으면, 이 공덕으로 곧

낮게 되고 수명도 연장됩니다. ⑯지은 죄업으로 악도에 떨어지게 되어 있었더라도 이 공덕으로 모든 죄업이 소멸하고 사람이나 하느님으로 태어나 많은 복을 누리게 됩니다. ⑰관세음 보살님! 또 젖먹이 때나 세 살·다섯 살·열 살도 되기 전에 부모형제자매를 잃고, 장성한 뒤에 부모나 형제들을 그리워하며 어느 곳에 떨어졌는지, 어느 세계에 태어났는지, 어느 하늘에 계시는지를 알고 싶어하는 사람이 있으면, 지장 보살님의 조각상이나 탱화 앞에서 칠 일 동안 일심으로 예경하며 지장 보살님의 명호를 염송하면서 절하도록 하십시오. 친인척들이 악업 때문에 악도에서 여러 겁을 지나게 되었더라도 이 공덕으로 해탈하게 됩니다. ⑱ 이미 사람이나 하느님으로 태어나 복을 누리고 있는 경우에는, 이 공덕이 더하여져서, 한량없이 많은 복을 누리게 됩니다. ⑲ 또 삼칠 일 동안 일심으로 지장 보살님의 상 앞에서 예경하며 지장 보살님의 명호를 만 번 염송하면, 보살님께서 큰 신통으로 끝없이 큰 몸을 나투시어 친인척이 있는 세계를 알려주거나 꿈속에서 보여 주게 됩니다. ⑳ 또 천 일 동안 날마다 지장 보살님의 명호를 천 번씩 염송하면, 보살님께서 땅의 신에게 종신토록 돌보게 하여, 재물이 넘치게 됩니다. ㉑괴로운 질병이나 횡액이 자기 몸에 들지 못하는 것은 물론이려니와 집안에도 들지 못하게 됩니다. ㉒이런 사람은 반드시 마정수기를 받게 됩니다. ㉓관세음 보살님! 큰 자비심으로 모든 중생을 제도하고자 하거나, 최고 바른 깨달음을 이루고자 하거나, 삼계에서 벗어나기를 바라며 지장 보살님의 상에 예경하고, 지장 보살님의 명호를 염송하며 향·꽃·의복·보물·음식을 공양하는 선남자 선여인은 소원이 모두 이루어지고 장애가 모두 없어지게 됩니다. ㉔관세음 보살님! 백천만억 소원을 이루고자 하는 선남자 선여인이 지장 보살님의 상 앞에 예경 찬탄하면, 모든 소원을 다 이루게 됩니다. ㉕지장 보살님의 자비 가호로 마정수기를 받게 됩니다. ㉖관세음 보살님! 밝은 스승의 가르침을 따라 지장경을 독송하려 하여도 금방 잊어버리는 선남자 선여인은 죄업이 많아 독송할 수 없는 것입니다. ㉗이런 사람들은 지장 보살님의 명호를 염송하거나 지장 보살님의 상에 일심으로 예경하면서 그 사실을 아뢰고, 향·꽃·의복·음식 등의 장엄구로써 공양하거나, 깨끗한 물 한 그릇을 하루 동안 지장 보살님의 상 앞에 올렸다가 합장하고 머리를 남쪽으로 향하고 정중한 마음으로 마시도록 하십시오. ㉘물을 마신 후 칠 일 혹은 삼칠 일 동안 오신채·술·고기를 먹지 않고 음행·망어·살생을 하지 않는 선남자 선여인은 꿈에 지장 보살님께서 나타나서 관정수를 주시게 됩니다. ㉙꿈을 깨면 총명해져서 지장경을 오랫동안 염송할 수 있게 됩니다. 다시는 한 구절·한 게송도 잊지 않게 됩니다. ㉚관세음 보살님! 옷이나 음식이 부족하거나 질병이 많거나 집안이 쇠퇴하여 가족이 흩어지거나 몸에 좋지 않는 일이 자주 생기고, 꿈에 놀래는 일이 많은 사람이 일심으로 지장 보살님을 예경하며 지장 보살님의 명호를 만 번 염송하면, 액운이 풀리게 됩니다. ㉛집안이 안정되고 재물이 풍족하여지고 꿈도 편안하여집니다. ㉜관세음 보살님! 급한 일로 깊은 산속에 들어가거나, 큰물을 건너거나, 험한 길을 지나가게 된 사람이 먼저 지장 보살님의 명호를 만 번 염송하면, 지나는 곳의 땅의 신이 호위하여 가거나 서거나 앉아 있거나 누워 있거나 항상 편안할 것이며, 호랑이·사자 등의 맹수를 만나지 않게 됩니다. ㉝관세음 보살님! 염부제 중생들이 지장 보살님의 명호를 염송하거나 지장 보살님을 예경하여 얻는 이로움은 백천 겁을 말하여도 다 말하지 못합니다. ㉞관세음 보살님! 보살님의 신통으로 지장경을 널리 펴서 사바세계 중생이 백천만 겁 동안 편안하고 행복하도록 하여 주십시오. ㉟이때에 부처님께서 게송을 부르셨습니다.

지장보살 예경하고 염송을하면
강가강의 모래만큼 많은겁동안
끊임없이 말을해도 못할정도로
엄청나게 많은복을 짓게됩니다.
㊱

선업다해 지옥가게 되었더라도
지극정성 지장보살 염송하면은
용신이나 선남선녀 모든중생의
죄업들이 모두녹고 수명늡니다
㊲

어렸을때 부모님을 일찍여의어
형제자매 친인척이 계신곳이나
부모영혼 계신곳을 알지못하고

계신곳을 간절하게 알고싶을때
지장보살 조각이나 탱화앞에서
쉬지않고 간절하게 예경하면서
삼칠일간 지장보살 염송을하면
지장보살 거룩하신 몸나투시어
부모친척 계신곳을 보이어주고
지옥아귀 고통에서 구해줍니다
㊳
높디높은 정등각을 모두이루고
삼계고통 벗어나서 해탈하려는
처음냈던 보살마음 간직하고서
지장보살 상앞에서 예경을하면
지장보살 크디크신 자비심으로

많디많은 소원모두 이루게하고
업장들을 빠짐없이 소멸시키어
거룩하신 마정수기 받게합니다
㊴
발심하여 지장경을 독송하면서
미혹중생 빠짐없이 제도하려는
상상할수 없이큰원 세웠더라도
죄업들과 미혹들이 많기때문에
지속하지 못하고서 잊어버리어
지장경을 기억하지 못하는사람
향과꽃과 의복음식 침구의약을
지장보살 상앞에다 공양하고서
깨끗한물 보살님께 올리어놓고

하루밤낮 지난후에 모두마시며

오신채는 하나라도 먹지않으며

술과고기 음행망어 하지않으며

삼칠일간 살생않고 지장보살님

온마음과 온몸으로 염송을하면

꿈속에서 보살님의 무변신뵙고

깨고나면 눈과귀가 밝아집니다

지장경의 가르침을 잠깐들어도

천만생이 지나도록 안잊습니다

상상할수 없이크신 보살님께서

이사람을 지혜롭게 하여줍니다

㊵

가난하고 질병들고 집안이망해

부모형제 자매들과 헤어진중생
악몽으로 꿈속까지 불안한중생
모든것이 어긋나서 괴로운중생
지극정성 지장보살 예경을하면
일체모든 불행들이 소멸됩니다
꿈속까지 빠짐없이 편안합니다
많고많은 귀신들이 보호합니다

㊶

산속으로 들어가고 바다건널때
맹수들을 만나거나 악인만날때
나쁜용신 나쁜귀신 사나운바람
가지가지 재난이나 고뇌만날때
일심으로 예경하고 공양올리면

지장보살 위대하신 스승님께서
산속이나 바다속의 모든재앙을
빠짐없이 소멸시켜 없애줍니다
㊷
관음보살 저의말을 알려주세요
지장보살 무량무변 많은공덕은
백천만겁 말하여도 못다합니다
지장보살 신통력을 알려주세요
지장보살 염송하는 모든사람들
지장보살 합장공경 찬탄하는이
향과꽃과 의복음식 공양하는이
백천생에 거룩한복 누리게되고
이런복을 온법계에 회향을하면

생사고통 벗어나고 성불합니다
저의말을 간절하게 알려주세요
강가사수 국토들에 알려주세요

13장. 사람과 하느님을 부촉함

①부처님께서 금빛 팔을 들어 지장 보살님의 이마를 만지며 말씀하셨습니다. 지장 보살님! 보살님의 신통력은 상상을 초월합니다. 보살님의 자비심도 상상을 초월합니다. 보살님의 지혜력도 상상을 초월합니다. 보살님의 말솜씨도 상상을 초월합니다. ②시방의 부처님들께서 천만 겁 동안 찬탄하여도 다 찬탄하지 못합니다. ③지장 보살님! 백천만억 불가설 부처님들과 보살님들과 하느님과 용신 등의 팔부신중들이 모

158

여 있는 이 도리천의 큰 하늘법회에서 부처인 제가 보살님께 다시 한번 간절히 부탁드립니다. 삼계의 불타는 집에서 헤매고 있는 중생들을 부탁드립니다. ④하루라도 악도에 떨어지지 않도록 부탁드립니다. ⑤무간 지옥에 떨어져서 빠져 나올 기약없이 천만억 겁을 지내는 일은 절대로 없도록 부탁드립니다. ⑥지장 보살님! 염부제 중생들은 의지가 약하고 나쁜 습관에 배여 있어서 잠시 착한 행동을 하다가도 금방 물러서고, 나쁜 인연을 만나면 더욱 나쁜 행동을 합니다. ⑦그래서 제가 이들의 근성에 맞추어 백천억 분신으로 제도하여 해탈시켰습니다. ⑧지장 보살님! 하느님들과 사람들을 간절히 부탁드립니다. ⑨부처님을 믿고, 털끝 하나·티끌 하나·모래 한 알·물 한 방울만큼이라도 착한 행동을 하는 선남자 선여인은 모두 보호하여 항상 최고 바른 깨달음으로 나아가도록 하여 주십시오. ⑩지장 보살님! 업보를 따라 악도에 떨어지게 되어 지옥 문 앞에 도착한 하느님이나 사람이 한 부처님의 명호나 한 보살님의 명호나 지장경의 한 구절·한 게송만 염송하더라도, 온갖 신통력과 온갖 방법으로 모두 제도하여 주십시오. ⑪끝없이 거룩한 몸을 나투시어, 모두를 지옥에서 벗어나 많은 복을 누리도록 하여 주십시오. ⑫이때에 부처님께서 게송을 부르셨습니다.

현재세상 미래세상 하느님들과
사람들을 보살님께 부탁합니다
여러신통 방법들을 널리베풀어
삼악도에 빠질중생 구제하소서

⑬지장 보살님께서 무릎꿇고 합장 공경하며 말씀드리셨습니다. 거룩하신

부처님! 염려하지 마십시오. ⑭부처님의 법을 잠시라도 공경하는 선남자 선여인은 모두 제가 백천의 가지가지 방법으로 제도하여 생사고해에서 벗어나도록 하겠습니다. ⑮부처님의 법을 지속적으로 닦아가는 사람들은 모두 최고 바른 깨달음으로 나아가도록 하겠습니다. ⑯지장 보살님의 말을 듣고 허공장 보살님께서 말씀드리셨습니다. 거룩하신 부처님! 부처님께서는 지장 보살님의 큰 위신력을 찬탄하셨습니다. ⑰거룩하신 부처님! 지장 보살님의 명호를 염송하거나, 지장 보살님의 상에 예경

하는 선남자 선여인이나 하느님이나 용
신들이 누리게 될 복을 간략히 정리하
여 주십시오. ⑱ 부처님께서 말씀하셨
습니다. 그렇게 하겠습니다. 간략히 말
씀드리겠습니다. ⑲ 지장 보살님의 상
에 예경하거나 지장경을 독송하며, 향·
꽃·음식·의복·보물을 보시하는 선남
자 선여인은 스물 여덟 가지 복을 누리
게 됩니다. ⑳ 첫째, 하느님과 용신들이
지켜주게 됩니다. 둘째, 좋은 일이 하
루 하루 더 많이 생기게 됩니다. 셋째,
성스러운 인연을 더 많이 만나게 됩니
다. 넷째, 최고 바른 깨달음으로 나아가

게 됩니다. 다섯째, 의복과 음식이 풍족하게 됩니다. 여섯째, 질병에 걸리지 않게 됩니다. 일곱째, 수재나 화재가 일어나지 않게 됩니다. 여덟째, 도둑이 들지 않게 됩니다. 아홉째, 사람들의 존경을 받게 됩니다. 열째, 귀신들이 도와주게 됩니다. 열한째, 남자로 태어나게 됩니다. 열두째, 공주나 대신의 딸로 태어나게 됩니다. 열셋째, 모습이 단정하게 됩니다. 열넷째, 하느님으로 태어나게 됩니다. 열다섯째, 제왕으로 태어나게 됩니다. 열여섯째, 전생의 일을 알게 됩니다. 열일곱째, 원하는 것을 모두 이루게 됩니다. 열여덟째, 가족들이 화목하게 됩니다. 열아홉째, 횡액이 모두 소멸하게 됩니다. 스무째, 업도에서 벗어나게 됩니다. 스물한째, 갈 곳을 알게 됩니다. 스물두째, 꿈이 편안하게 됩니다. 스물셋째, 선망 조상들이 괴로움에서 벗어나게 됩니다. 스물넷째, 전생의 복을 가지고 태어나게 됩니다. 스물다섯째, 성현님들의 찬탄을 받게 됩니다. 스물여섯째, 총명하게 됩니다. 스물일곱째, 자비심이 많아지게 됩니다. 스물여덟째, 반드시 부처가 됩니다. ㉑허공장 보살님! 지장 보살님의 명호를 염송하거나 지장 보살님의 상에 예경하거나 지장경을 독송하는 하느님이나 용신이나 귀신들은 일곱 가지 복을 누리게 됩니다. ㉒ 첫째, 모두 성현의 지위에 오르게 됩니다. 둘째, 악업이 소멸하게 됩니다. 셋째, 부처님들께서 보호하게 됩니다. 넷째, 최고 바른 깨달음으로 나아가게 됩니다. 다섯째, 전생의 복을 많이 가지고 태어나게 됩니다. 여섯째, 전생의 일들을 알게 됩니다. 일곱째, 반드시 부처가 됩니다. ㉓ 석가모니 부처님께서 지장 보살님의 큰 위신력을 찬양하시는 것을 듣고서, 시방에서 오신 불가설 불가설 모든 부처님들과 보살님들과 하느님·용신 등의 팔부신중들이 전에 없던 일이라 하며 감탄하셨습니다. ㉔ 도리천에는 한량없이 많은 향·꽃·좋은 옷·구슬목걸이가 비오듯이 내리어 석가모니 부처님과 지장 보살님께 공양하였고, 법회에 모였던 대중들은 다시 합장 공경하였습니다.

〈한글세대를 위한 독송용 지장경 끝〉

미주

1 **육하원칙**: 경전은 원칙적으로 부처님의 육하원칙으로 시작되어야 합니다(육성취). 사건진술은 부처님의 육하원칙으로 하여야 하는데, 교육부에서 착각하여 키플링의 육하원칙을 가르쳤습니다.

2 **시방**: 모든 방향을 말합니다.

3 **불가설 불가설**: 현재의 우리 표현으로는 도저히 표현할 수 없이 많은 수를 말합니다. 뒤의 아승기, 무량, 무변 등도 마찬가지 입니다.

4 **오탁악세**: 다섯 가지 좋지 않은 일이 있는 세상, 즉 말세의 징후가 있는 세상을 말합니다.

5 **大光明**: 圓滿大光明·慈悲大光明·智慧大光明·般若大光明·三昧大光明·吉祥大光明·福德大光明·功德大光明·歸依大光明·讚嘆大光明

6 **法**: 布施波羅蜜·持戒波羅蜜·忍辱波羅蜜·精進波羅蜜·禪定波羅蜜·般若波羅蜜·慈悲喜捨·解脫·無漏智慧·大智慧·獅子吼·大獅子吼·雲雷·大雲雷

7 **사바세계**: 지금 우리가 살고 있는 세계를 말합니다. 죄를 많이 지었기 때문에 그 죄업으로 고생을 많이 하는 세계입니다.

8 **하느님들**: 四天王天·忉利天·須燄摩天·忉率陀天·化樂天·他化自在天·梵衆天·梵輔天·大梵天·少光天·無量光天·光音天·少淨天·無量淨天·遍淨天·福生天·福愛天·廣果天·嚴飾天·無量嚴飾天·嚴飾果實天·無想天·無煩天·無熱天·善見天·善現天·色究竟天·摩醯首羅天·非想非非想處天 등

9 **용신**: 원칙적으로 상당한 힘을 가지고 좋은 일을 하는 신들을 말합니다. 海神·江神·河神·水神·山神·地神·川澤神·苗稼神·晝神·夜神·空神·天神·飮食神·草木神

10 **귀신왕**: 원래는 나쁜 일을 하는 귀신들의 왕을 의미하였으나 여기에 나열되는 귀신왕들은 부처님께 귀의하여 좋은 일을 하게 된 귀신왕들을 의미합니다. 惡目 鬼神王, 噉血 鬼神王, 噉精氣 鬼神王, 噉胎卵 鬼神王, 行病 鬼神王, 攝毒 鬼神王, 慈心

鬼神王, 福利 鬼神王, 大愛敬 鬼神王

11 무애지無碍智: 걸림없는 지혜를 말합니다.

12 강가강: 인도에서는 강가강이라고 하고, 중국에서도 강가강이라고 하며, 영어로는 갠지스강이며, 우리나라 사람들이 고대 중국 한자어를 잘못 읽어서 항하라고 하였습니다. 그래서 강가강으로 정리합니다.

13 불가설: 두 가지 의미가 있습니다. '말로는 도저히 표현할 수 없을 정도로 많거나 크거나 작은'이라는 의미와 '구체적 수로서 10의 1,879,048,192제곱이라는 의미가 있습니다.

14 삼보: 거룩한 부처님, 부처님의 거룩한 법, 부처님을 따르는 거룩한 대중을 통틀어 말합니다. 통상 불법승이라고 합니다.

15 칠칠일: 7×7일, 즉 49일을 말합니다.

16 수기: 다음 생에 부처가 되겠다는 예언을 부처님으로부터 받는 것을 말합니다.

17 여래: 여래의 십호는 응공·정변지·명행족·선서·세간해·무상사·조어장부·천인사·불·세존입니다.

18 십선행이라고 합니다.

19 상법시대라고 합니다.

20 탱화: 부처님이나 보살님 등을 그린 그림을 말합니다.

21 삼악도: 지옥, 아귀, 축생을 말합니다.

22 무우국토無憂國土: 근심 걱정이 없는 나라를 말합니다.

23 악도: 삼악도와 동의어이며, 지옥, 아귀, 축생을 말합니다.

24 지옥 1: 極無間, 大阿鼻, 四角, 飛刀, 火箭, 夾山, 通槍, 鐵車, 鐵床, 鐵牛, 鐵衣, 千刃, 鐵驢, 洋銅, 抱柱, 流火, 耕舌, 坐首, 燒脚, 啗眼, 鐵丸, 諍論, 鐵鈇, 多瞋 지옥을 합합니다.

25 지옥 2: 叫喚, 拔舌, 糞尿, 銅鎖, 火象, 火狗, 火馬, 火牛, 火山, 火石, 火床, 火梁, 火鷹, 鉅牙, 剝皮, 飮血, 燒手, 燒脚, 倒刺, 火屋, 鐵屋, 火狼 지옥을 말합니다.

26 앞의 화상 지옥은 火象 지옥이고, 지금의 화상 지옥은 火床 지옥으로 한자가 다릅니다.

27 "○○ 등 저희들은 ○○○를 위하여서 ○○○○ 앞에 촛불을 켜고 향을 피우고 이 재물들을 올립니다. ○○○가 건강을 회복하도록 보살펴 주십시오. ○○○가 복을 누리도록 보살펴 주십시오!" 혹은 적당한 다른 말로 바꾸어도 됩니다.

28 지금 우리나라에서는 동서남북으로 사용하나, 원융사상의 근본인 동양 특히 불교에서는 동남서북으로 사용합니다.

29 본식: 깊은 의식, 무의식을 말합니다.

30 무생법인: 참된 진리를 온전하게 이루는 것을 말합니다.

31 귀신왕: 閻羅天子, 惡毒, 多惡, 大諍, 白虎, 血虎, 赤虎, 散殃, 飛身, 電光, 狼牙, 千眼, 噉獸, 負石, 主耗, 主禍, 主福, 主食, 主財, 主畜, 主禽, 主獸, 主魅, 主産, 主命, 主疾, 主險, 三目, 四目, 五目, 祁利失王, 大祁利失王, 祁利叉王, 大祁利叉王, 阿那吒王, 大阿那吒王을 말합니다.

32 생사중죄生死重罪: 생사와 관련된 중한 죄, 즉 살생죄를 말합니다.

33 8절과 19절의 부처님의 명호가 약간 혼란스럽습니다. 필자들이 본 한글판 유통본에는 전부 보승-다보로 되어 있으나, 신수장경에는 보성-보승으로 되어 있습니다.

34 오무간대죄: 무간지옥에 들어갈 다섯 가지 중한 죄를 말합니다.

35 호상광毫相光: 白毫相光, 大白毫相光, 瑞毫相光, 大瑞毫相光, 玉毫相光, 大玉毫相光, 紫毫相光, 大紫毫相光, 靑毫相光, 大靑毫相光, 碧毫相光, 大碧毫相光, 紅毫相光, 大紅毫相光, 綠毫相光, 大綠毫相光, 金毫相光, 大金毫相光, 慶雲毫相光, 大慶雲毫相光, 千輪毫相光, 大千輪毫相光, 寶輪毫相光, 大寶輪毫相光, 日輪毫相光, 大日輪毫相光, 月輪毫相光, 大月輪毫相光. 宮殿毫相光, 大宮殿毫相光, 海雲毫相光, 大海雲毫相光을 말합니다.

편집 후기

서울대학교 이장호 교수님의 권유로 '서양의 한계를 극복하고 동서양 통합 상담심리학을 세우기 위해' 이동식 선생님 교실에서 김종서, 이종익 선생님들과 금강경 공부를 시작하였습니다.

금강경을 독송하던 중, '근원도 알 수 없는, 저 자신의 저 깊고 깊은 곳에서 생명의 빛이 흘러나오는 것'을 발견했습니다. '저와 모든 생명이 함께 하는 빛, 생명의 빛'이 저의 깊은 곳에서 나오고 있었습니다. 내면의 빛뿐만 아니라, 날씨와는 무관하게 밖에서 불어오는 법풍(法風, 진리의 바람)도 저의 몸과 마음을 시원하게 해 주고 있습니다. 많은 분들의 은혜로 경전 출판까지 하게 되었습니다.

첫째, 무비스님께서는 '천진난만하시며(?), 대자대비에도 걸리지 않으시는, 살아계시는 대 성현의 모습'으로 참으로 자상한 가르침을 베풀어 주셨습니다. 공역자의 자리에까지 내려와 주셔서 황송하고 황망할 뿐입니다. 참으로 고맙습니다.

둘째, 20년 넘는 세월 동안 매주 원고를 교정해주고 가르쳐 주신 두 분 선배님(안형관 선배님과 강수균 선배님)을 비롯한 화화회 회원님들(강태진, 김정옥, 김정자 선생님)에게 고마운 마음을 전합니다. 화화회에서 같이 했던 수많은 회원님들에게도 깊은 감사를 드립니다. 불교에 관해서 참으로 해박한 지식을 가지고 계시면서 가려운 곳을 긁어주고 모자라는 곳을 채워준 김남경 교수님께도 심심한 감사를 드립니다.

셋째, 눈이 되어주고 귀가 되어주고 손발이 되어주신 보리행 박혜정 보살님, 수선행 이수진 보살, 해광 조재형 거사에게도 고마운 마음을 전합니다.

넷째, 출판을 허락해 준 도서출판 운주사 김시열 사장님과 임직원님들께도 감사를 드립니다. 출판과 관련하여 '필자의 이런 저런 까다로운 요구'를 다 견뎌주고 협조해 주셨습니다.

　마지막으로, 불교계의 어려운 출판 사정을 고려하여 출판에 많은 도움을 주신 동참회원님들께도 심심한 감사의 마음을 전합니다. 많은 십시일반 동참회원님들과 108 동참회원님들의 동참으로 수월하게 출판할 수 있었습니다. 이 인연 공덕으로 부처님의 무량 복을 누리시고, 속히 성불하옵소서.

대심 조현춘(010-9512-5202) 합장

★**무비無比 큰스님**(전 조계종 교육원장)은

부산 범어사에서 여환스님을 은사로 출가. 해인사 강원을 졸업했으며, 해인사·통도사 등 여러 선원에서 10여 년 동안 안거하였습니다. 오대산 월정사에서 탄허 스님을 모시고 경전을 공부한 스님은 '탄허 스님의 법맥을 이은 대강백'으로 통도사·범어사 강주, 조계종 승가대학원장, 동국역경원장을 역임했으며, 현재 범어사 화엄전에 주석하시면서 후학을 지도하며 많은 집필활동과 더불어 전국 각지의 법회에서 불자들의 마음 문을 열어주고 있습니다. (다음 까페: 염화실)

★**대심大心 조현춘**(가사체 금강경 독송회)은

서울대학교 이장호 지도교수님의 권유로 '동서양 통합 상담심리학'을 세우기 위해 금강경 공부를 시작하였습니다. 30여년 교수생활 중에 계속 '불교경전과 상담심리학이라는 주제의 논문'을 썼습니다. 한국동서정신과학회, 법륜불자교수회, 한국정서행동장애아교육학회, 대한문학치료학회, 화엄경과 화이트헤드 연구회 등의 회장을 역임하였고, 지금은 한국교수불자연합회와 교수붓다회 자문위원으로 활동하고 있습니다. (다음 카페: 가사체 금강경)

한글세대를 위한 독송용 지장경

개정판 1쇄 인쇄 2024년(불기 2568년) 8월 8일
개정판 1쇄 발행 2024년(불기 2568년) 8월 16일
공역 무비스님·조현춘 | 펴낸이 김시열
펴낸곳 도서출판 운주사 (02832) 서울시 성북구 동소문로 67-1 성심빌딩 3층
　　　　전화 (02) 926-8361 | 팩스 0505-115-8361
ISBN 978-89-5746-847-0　03220　　값 9,000원
http://cafe.daum.net/unjubooks 〈다음카페: 도서출판 운주사〉